Théorie Générale de la Personnalité

Jean-Pierre Vandeuren
&
Mikhaël Vandeuren

Casual Intellectual Edition

ISBN-10 : 1977538215
ISBN-13 : 978-1977538215

A tous ceux qui ne se connaissent pas eux-mêmes…

Jean-Pierre & Mikhaël Vandeuren

Présentation des auteurs

Jean-Pierre, le père, est docteur en mathématiques et enseignait celles-ci jusqu'à ce que la vie l'oriente vers la philosophie où il s'est consacré à l'étude de Spinoza. Il est l'auteur du blog :

www.vivrespinoza.com

Mikhaël, le fils, est ingénieur industriel en chimie. Il est le créateur de la chaîne YouTube Vivre Spinoza.

De ces deux esprits cartésiens est née cette étude sur la personnalité qui se veut claire et précise.

Si malgré tout le soin que nous avons porté à cette étude, vous remarquez des erreurs ; ou si vous aimeriez nous envoyer un commentaire, vous pouvez nous contacter via notre adresse électronique : mikhael@vandeuren.fr

Jean-Pierre & Mikhaël Vandeuren

Table des matières

Introduction

Pourquoi s'intéresser à la notion de personnalité ?

« Une personne est une ombre où nous ne pouvons jamais pénétrer. » (Proust)

Le mystère est là : une personne n'est personne. Toute personne nous reste inconnue. Nous sommes tenus de rester au seuil du masque qu'elle nous présente, de son « personnage ».

Ce terme, comme celui de « personne », vient du latin « persona » qui désignait le masque que portaient les acteurs des tragédies. Comme il n'y avait qu'un seul masque par acteur, il permettait aux spectateurs de bien identifier le sentiment qu'il devait personnifier et qui était invariable tout au long de la pièce.

Mais savoir qui « parle à travers » ce masque (c'est l'origine de « personnage » : « per-sonare », « parler à travers »), cette connaissance nous est a priori inaccessible. D'ailleurs, nous sommes nous-mêmes un mystère à nos propres yeux. Nous avons conscience de notre identité personnelle, mais n'en avons qu'une connaissance très confuse.

Alors, lorsqu'on tente de soulever le masque qu'une personne nous présente, ou notre propre masque, de connaître qui « parle à travers » ce masque, on évoque sa « personnalité », ou la nôtre. Personne, personnage, personnalité, trois mots de même étymologie, « persona », et trois notions différentes pour caractériser un même individu, trois facettes de son identité et de sa permanence. « Personne » caractérise son unité, grammaticale, morale ou juridique ; « personnage », son rôle social multiple (mari pour son épouse, professeur pour ses étudiants, père pour ses enfants) et « personnalité », son individualité psychologique.

Ce travail est consacré au concept de « personnalité ».

Car on ne peut pas l'éviter. De tous temps, l'homme a constaté et voulu utiliser les similitudes et les différences entre les individus.

D'abord au travers des individualités physiques censées déterminer les personnalités.

Ainsi, dans la plus ancienne des médecines de l'humanité, l'Ayurveda, originaire de l'Inde, il est expliqué que le médecin doit d'abord savoir à quel type particulier d'individu il a à faire. D'où la nécessité de constituer une typologie des personnalités, ce qui aboutit à sept types de constitutions différentes.

Hippocrate, le père de la médecine occidentale, se fondant sur le même raisonnement, avait développé une théorie de la personnalité basée sur les « fluides corporels », la théorie des quatre humeurs. Elle classait les individus en quatre catégories, sanguins, mélancoliques, colériques et flegmatiques, dont les termes nous sont restés, et qui a profondément influencé les pratiques médicales occidentales jusqu'à l'orée du 20e siècle.

Mais au-delà de l'observation des différences entre les caractéristiques physiques, chacun de nous tente naturellement de « soulever le masque », le nôtre et celui de ceux que nous côtoyons, ne fut-ce qu'en utilisant les qualificatifs lexicaux de notre langue : untel est colérique, tel autre taiseux, un troisième est gentil et moi-même je suis consciencieux, etc. ces qualifications sont nécessaires pour nous situer et situer les autres :

« *La plupart des hommes n'ont aucune théorie du langage, bien qu'ils s'expriment sans problèmes ; ils n'ont aucune théorie cognitive, bien qu'ils sachent utiliser les données de la perception et de la mémoire. Par contre, chacun possède une théorie au moins implicite de la personnalité. L'homme de la rue classe spontanément les individus en types, en recourant à des catégories (par exemple la sociabilité, l'autoritarisme, l'intelligence ou le charme…).* » (F. Pire)

Car, par exemple, se comprendre et comprendre autrui sont les portes royales pour s'accepter et accepter les autres et, ainsi, éviter les conflits, tant internes qu'externes.

Les différences individuelles fascinent :

« *Il est peu de choses plus troublantes que de découvrir, à l'occasion d'une remarque quelconque faite en passant, que vous parlez à une personne dont l'esprit est radicalement étranger au vôtre. Entre un fauteuil au coin du feu et un autre, s'ouvre tout-à-coup un abîme béant. Il faut avoir la tête solide pour pouvoir le contempler sans vertige.* » (Aldous Huxley, *Un si sot animal*)

Et, comme l'affirme l'une des propositions de l'*Ethique* de Spinoza, les conflits proviennent de ces différences, de notre intolérance vis-à-vis d'elle et de notre propension à exiger que les autres vivent selon notre propre personnalité :

« *Nous voyons donc ainsi que chacun, par nature, désire que les autres vivent selon sa propre constitution, mais comme tous désirent la même chose, tous se font également obstacle, et parce que tous veulent être loués ou aimés par tous, ils se tiennent tous réciproquement en haine.* » (Ethique III, 31, Scolie).

Comprendre et accepter nos différences est une condition essentielle de pacification des rapports humains.

Par ailleurs, les connaissances relatives à la personnalité jouent, actuellement et de plus en plus fréquemment, un rôle considérable dans le monde du travail. Les compagnies qui emploient des salariés ont souvent recours, à côté des exigences professionnelles normales, à la détermination de la personnalité de leurs employés pour les recruter ou les utiliser (exploiter ?) au mieux.

La personnalité a fasciné et divisé les penseurs de tous temps. C'est que, au contraire des caractéristiques physiques qui sont plus ou moins aisées à mesurer et à comparer (pensons à la taille, au poids ou à la couleur des cheveux, par exemple, tous signes corporels distinctifs), l'individualité psychologique ne se laisse pas aussi facilement évaluer et nécessite le recours à des spéculations souvent sophistiquées.

Ainsi, les philosophes, grands spéculateurs devant l'Eternel, ont souvent accordé une importance primordiale à la connaissance de soi.

Socrate a repris la devise inscrite au fronton du temple de Delphes consacré à Apollon : « *Connais-toi toi-même et tu connaîtras les dieux et le monde.* »

Affirmation similaire chez Spinoza :

« *Le sage est conscient de soi, de Dieu et des choses.* »

La connaissance de soi serait-elle la voie privilégiée pour cheminer vers la sagesse ? Il serait alors indispensable de se pencher sérieusement sur le concept de personnalité.

En tout cas, il s'agit d'une affirmation martelée par Bergson :

« On peut considérer le problème de la personnalité comme le problème central de la philosophie. » (La philosophie, qui comme l'on sait n'est rien d'autre que « l'amour de la sagesse »).

Ou encore :

« Ce « moi » que j'ai passé ma vie à étudier. »

Mais, comme toujours en sciences humaines, les désaccords ne sont pas loin.

Avant Bergson, Locke s'était penché sur la personnalité au travers du problème de l'identité personnelle qu'il attribuait à la conscience et à la mémoire, caractérisation reprise bien plus tard par Valéry : *« je suis presque entièrement mémoire, or [cette mémoire] est presque entièrement accidentelle »* (Cahiers II, p. 311), manière de réconcilier Locke avec Hume qui s'était opposé à ce dernier en affirmant que l'identité personnelle n'existe pas, que nous ne sommes constitués que de nos rencontres accidentelles, position aussi reprise au 20ᵉ siècle par les psychologues comportementalistes.

C'est ici qu'il faut se référer à la « science » psychologique. Car c'est à la fin du 19ᵉ siècle que la psychologie fait son apparition sur la scène académique en tant que discipline autonome, enfin détachée de la philosophie dont elle n'était jusque-là qu'une des branches spéculatives, au même titre que la métaphysique et la morale, entre autres. La tâche principale de la psychologie étant la compréhension du comportement humain, cette compréhension doit nécessairement passer à un moment ou l'autre par celle de la personnalité. De cette nécessité est née d'ailleurs, en 1936, l'une de ses branches, « la psychologie de la personnalité », qui contient, en fait, un foisonnement de telles théories.

Ce foisonnement provient de la multitude des approches possibles de la psyché humaine, chaque approche étant basée sur un présupposé différent quant à la nature principale de celle-ci ou de ses composantes qu'elle juge essentielles. C'est la raison pour laquelle les ouvrages qui exposent ces théories procèdent en général par « approches » : approche analytique, néo-analytique, comportementale, cognitive, etc.

Mais quelle est la raison de ces multiplicités d'approches ?

Elle tient en ce que la psychologie, dans son refus de tout recours à une quelconque spéculation philosophique, a décidé de ne se baser que sur les faits et rien que sur les faits.

La personnalité est à l'image d'un cylindre (personne) que nous ne pourrions observer que via son ombre projetée sur un écran (personnage). Ne nous baser que sur des faits observables pourrait nous amener à le cataloguer comme un rectangle ou comme un disque et passer complètement à côté d'une dimension essentielle.

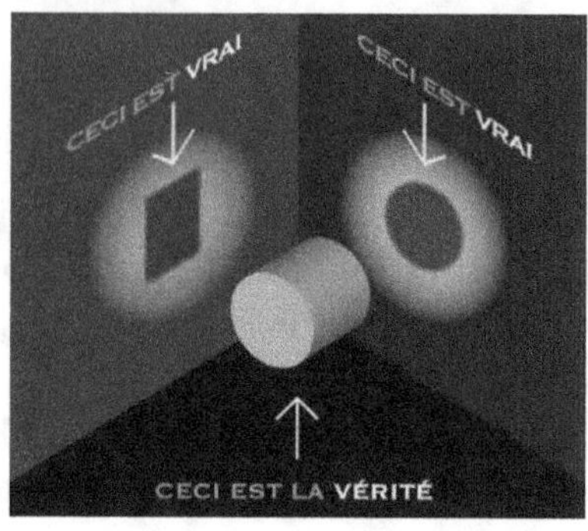

Mais les faits ne s'organisent pas d'eux-mêmes, ils nécessitent une théorie unitaire préalable qui les relient en leur donnant un sens. Sans une telle théorie, nécessairement spéculative, les psychologues se voient naturellement amenés à induire une théorie à partir des faits afin de les rassembler et les expliquer de manière cohérente. Et chacun y est allé de sa propre théorie. Cela explique le nombre d'approches et de théories différentes. Chacune de ces dernières privilégie un point de vue restreint. C'est pourquoi nous nous sommes permis de les appeler les théories « restreintes » de la personnalité... Et nous pensons pouvoir convaincre nos lecteurs de nous rejoindre sur ce point après la lecture du présent ouvrage.

Mais quelle pourrait être une théorie générale préalable qui donne un sens aux faits observés ? Il devrait nécessairement s'agir d'une théorie générale de l'humain, une anthropologie. Si l'on disposait d'une anthropologie, il devrait être possible d'y construire une théorie générale de la personnalité, dont les théories restreintes seraient des cas particuliers. Cette construction pourrait cependant se baser sur les apports de ces dernières, car, selon l'expression consacrée, « il ne faudrait pas jeter le bébé avec l'eau du bain ».

Cette construction est l'objectif de ce travail. Il est organisé comme suit :

- Un premier chapitre est consacré à l'exposé des principales théories (restreintes) de la personnalité proposées jusqu'ici. Nous avons choisi de toutes les situer par rapport à une définition générale qui étend les diverses définitions historiques et qui regroupe toutes les exigences que l'on peut avoir vis-à-vis d'une théorie de la personnalité, ce qui permet de comparer facilement les théories passées en revue, entre elles et par rapport aux critères idéaux énoncés dans cette définition.
- Le deuxième chapitre expose le cadre ontologique, anthropologique et psychologique dans lequel nous avons décidé de travailler. Ce cadre est en fait le contenu des trois premières parties du maître-ouvrage du philosophe Baruch Spinoza (1632 -1677). Les raisons de ce choix y sont argumentées.
- C'est dans le troisième chapitre que sont fixés les concepts et avancée notre théorie générale. On y montrera évidemment que les théories « classiques » peuvent en être considérées comme des cas particuliers.
- Une conclusion et des perspectives de développement clôturent le livre.

Par soucis de complétude, nous avons ajouté en annexe des exemples de cas particulier de changement de personnalité dû aux virus ou aux accidents, insi qu'un aperçu de la très célèbre expérience des rats plongeurs.

ↄ৪ 10 ৪ↄ

PREMIER CHAPITRE

Les théories « restreintes » de la personnalité

Jean-Pierre & Mikhaël Vandeuren

 probb 12 brob

Jean-Pierre & Mikhaël Vandeuren

La présentation des diverses théories de la personnalité proposées jusqu'ici nécessite l'utilisation d'une définition préalable de la personnalité la plus générale possible . Nous commençons donc par présenter une telle définition.

De cette définition, nous déduisons ensuite une méthode de présentation de ces théories .

Nous avons aussi été contraints de considérer des termes incontournables utilisés dans la littérature (dynamique versus structural ; types versus traits).

Enfin, après un aperçu historique, nous avons passé en revue la plupart des grandes théories existantes en les situant par rapport à notre définition générale.

Jean-Pierre & Mikhaël Vandeuren

I.   Définition générale

Afin de pouvoir comparer les diverses théories entre elles et déterminer les attentes idéales que devrait satisfaire toute théorie de la personnalité, il est nécessaire d'adopter une définition commune la plus générale possible de la notion même de « personnalité ».

Les tentatives formelles de description et de compréhension de la personnalité des individus remontent à l'antiquité grecque avec, entre autres, Hippocrate, Empédocle, Théophraste. Ces essais se renouvellent sporadiquement par après, avec, notamment, Claude Galien à l'époque romaine et La Bruyère en France au 17ᵉ siècle, ou plus généralement ceux que l'on a coutume de nommer « les grands moralistes français » (La Rochefoucauld, Vauvenargues, …).

Mais c'est à partir de la fin du 19ᵉ siècle, avec l'essor de la psychologie universitaire, qui en fait d'ailleurs l'une de ses branches, que commencent à foisonner les théories de la personnalité, à tel point qu'il est particulièrement difficile à présent de s'y retrouver et de juger de la pertinence de chacune d'elles, d'autant plus que la montée en puissance récente de la génétique et de la neurobiologie y vient ajouter son lot non négligeable de considérations.

Lorsque l'on s'intéresse à ces théories, une difficulté de liaison entre elles apparaît de suite. Pour comparer, il faut pouvoir se mettre d'accord a priori sur ce dont on parle. Il importe en premier lieu de cerner correctement le sujet que l'on désire étudier et, par conséquent, en scientifique cohérent, de le définir précisément car

« *La plupart des erreurs consistent seulement en ceci que nous n'appliquons pas correctement les noms aux choses.* » (Spinoza, *Ethique* II,47, Scolie).

Chacun de nous comprend assez bien ce que recouvre le mot de personnalité, mais ce qui compte c'en est sa définition et non le consensus qu'il entretient.

Mais des définitions il y en a autant que d'auteurs. Citons-en pêle-mêle quelques-unes des plus pertinentes, en débutant avec Allport qui est considéré comme le père de la branche particulière qui nous occupe, « la psychologie de la personnalité » :

- Allport (1937) : « la personnalité est une entité unique qui traduit la façon dont une personne pense, réfléchit, agit et se comporte dans différentes situations. »
- Eysenck (1953) : « la personnalité est l'organisation plus ou moins ferme et durable du caractère, du tempérament, de l'intellect et du physique d'une personne. »
- Catell (1950) : « ce qui permet une prédiction de ce que va faire une personne dans une situation donnée. »
- Byrne (1966) : « combinaison de toutes les dimensions relativement durables de différences individuelles qui peuvent être mesurées. »

- Linton (1986) : « conglomérat organisé des processus. »

De ces quelques définitions et de considérations naturelles, on peut dégager certaines propriétés que devrait recouvrir un concept général de personnalité qui recueillerait le consensus de la plupart des psychologues. Ainsi, la personnalité :

- devrait concerner à la fois les pensées, les sentiments et les comportements (au sens d'actions) d'un individu ;
- devrait pouvoir prédire les actions et réactions de cet individu ;
- serait déterminée à la fois par le physique et les influences de l'environnement ;
- ne serait pas une simple juxtaposition de caractéristiques, mais serait une organisation ;
- serait relativement constante dans le temps ;
- serait cependant aussi dynamique et susceptible de changements ;
- traduirait à la fois les points communs et les différences de pensées, sentiments et comportements des gens ;

Ambitieux programme !

Pour recouvrir toutes ces propriétés attendues dans une définition, nous avons fait un amalgame de celles proposées par, pour la première partie, N. Sillamy et, pour la seconde, par Salvador Maddi.

Définition :

> *« La personnalité est l'ensemble structuré des dispositions innées et des dispositions acquises sous l'influence de l'éducation, des interrelations complexes de l'individu dans son milieu, de ses expériences présentes et passées, de ses anticipations et de ses projets.*
>
> *Cet ensemble détermine les points communs et les différences du comportement psychologique – pensées, sentiments et actions – des gens, comportement qui présente une continuité dans le temps et ne peut être aisément attribué aux seules pressions sociales et biologiques du moment. »*

Quelques commentaires de cette définition sont nécessaires.

D'abord, la personnalité y est pensée comme une structure. (Ce terme provient du latin « structura » qui signifie « construire »). Par structure, il faut entendre à la fois une construction momentanément achevée (comme une maison terminée), mais qui conserve la possibilité d'être encore modifiée, de continuer à être « construite » (comme des aménagements que l'on peut apporter à une maison, une nouvelle baie, une extension, etc.).

Il faut ainsi entendre la personnalité, non seulement comme un « agencement, entre eux, des éléments constitutifs d'un ensemble naturel, qui assure la cohérence de cet ensemble et lui donne son apparence spécifique », ce qui est une bonne définition nominale et statique d'une « structure », mais aussi comme un réagencement, une construction continuelle au gré des expériences existentielles, ce qui assure son dynamisme et la possibilité de changements.

Par ailleurs, il faut aussi penser la structure de la personnalité comme munie d'une « loi de composition » entre ses « dispositions » (nous allons de suite revenir sur la signification de ce terme), au sens mathématique du terme, comme l'illustre la loi d'addition sur l'ensemble des entiers positifs et négatifs, qui munit cet ensemble d'une structure dite de « groupe » dans le jargon des mathématiciens.

La personnalité est donc comme une maison : immobile mais tout de même transformable.

Notre personnalité dépend aussi de notre environnement social (voir annexe « l'expérience des rats plongeurs »).

Un exemple : pour un individu, dans une situation conflictuelle avec un collègue de travail, telle disposition héréditaire, disons une grande émotivité (les fondements de la maison), associée à des souvenirs d'humiliations répétées durant l'enfance (les aménagements de la maison), pourrait l'amener, avec une plus ou moins grande *probabilité* à adopter un comportement agressif. C'est ce type de loi de composition qui devrait permettre les prédictions comportementales évoquées plus haut.

Arrêtons-nous à présent sur le terme « disposition » qui admet plusieurs acceptions :

- physique (état de santé ou tendance à certaines altérations (« *Cette disposition au rhume et un enrouement presque constant* » (Gide, *Journal,* 1944, p. 259)) ;
- spirituelle (« *Une certaine attitude d'âme, une certaine disposition intérieure* » (Marcel, *Journal,* 1922, p. 274)) ;
- affective (« *Un homme ivre plein de tendres dispositions pour le garçon de café qui l'a servi* » (Proust, *Guermantes* 2,1921, p. 548) ;
- une aptitude (« *Mouchette n'a aucune disposition pour le chant* » (Bernanos, *Mouchette,* 1937, p. 1266)) ;
- comportementale, au sens d'action (« *Le Maréchal fit ses dispositions militaires* » (Châteaubriant, *Mémoires,* t. 3, 1848, p. 593)) ;
- attitudes (envers autrui en général, comme dans l'expression « *être bien disposé envers quelqu'un* » ; envers des idées, etc.).

En résumé, les différentes dispositions envisageables sont les suivantes :
- **somatiques (ou neurobiologiques),**
- **affectives,**
- **spirituelles,**
- **cognitives,**
- **comportementales (activités),**
- **socioculturelles et d'aptitudes (physiques, intellectuelles, sociales).**

Dans la définition, le mot « dispositions » se veut référer à chacune de ces acceptions, et c'est dans la mesure où chaque théorie que nous allons rappeler ne prend en compte que l'une ou l'autre d'entre elles qu'elle pêche par réductionnisme et ne peut satisfaire toutes les propriétés attendues. On pourrait donc les qualifier de théories *restreintes* de la personnalité. L'adjectif « restreintes » ne porte ici aucune connotation de jugement, mais pointe le fait que chaque théoricien s'est focalisé au départ sur un ou, au plus deux, sens particuliers du mot « disposition ».

Par exemple, un cogniticien se limite à l'aptitude intellectuelle et/ou une certaine tendance spirituelle de l'individu ; il cherche à comprendre les stratégies mentales, comment l'individu reçoit les informations de l'environnement, comment il les interprète et quelles opérations il effectue sur ces informations pour résoudre les problèmes. Il ignorera ainsi, entre autres, toutes les composantes affectives de la personnalité, telle que l'intensité émotive par exemple.

Plus fondamentalement, les restrictions proviennent elles-mêmes d'une position générale de la psychologie moderne, que nous avons déjà évoquée dans l'introduction. La psychologie se veut une science détachée des spéculations métaphysiques de la philosophie dont elle n'était avant qu'une des branches. D'où sa volonté de ne considérer que les faits, rien que les faits, et de tenter de construire des théories à partir de ces faits. Mais cette construction repose toujours sur des présupposés spéculatifs non dévoilés.

Ainsi le cogniticien regarde un fait psychologique tel qu'une peur, une agoraphobie par exemple, à travers le présupposé que tous les comportements psychologiques ne peuvent provenir que de stratégies mentales, adaptées ou non. Mais une telle peur peut aussi provenir d'expériences malheureuses précoces et enfouies, auquel cas une thérapie cognitivo-comportementale ne pourrait que soigner au mieux certains effets sans atteindre les causes du comportement. Les faits ne s'organisent pas d'eux-mêmes. Ils nécessitent une théorie qui les organise au sein d'un tout cohérent. Les faits psychologiques ont besoin d'une théorie anthropologique générale à l'intérieur de laquelle ils prennent un sens. Nous y reviendrons ultérieurement, mais notons dès à présent que c'est cette absence d'une théorie globale de l'homme qui est la cause du foisonnement des théories psychologiques à propos de chaque concept abordé, que ce soit les sentiments, la motivation, la personnalité ou… la psychologie elle-même.

Il nous reste encore à considérer l'expression « dispositions innées », celle de « dispositions acquises » étant suffisamment détaillée dans la définition même. De par sa conception tout individu hérite d'un bagage génétique immuable, son génome. Ce génome ne détermine pas totalement les dispositions d'un individu car ce sont les diverses expériences vécues dans la période périnatale (avant la naissance et dans les tout débuts de l'existence) qui vont activer certains gènes et en inhiber d'autres. Il s'agit du phénomène nommé « épigénèse ». Métaphoriquement, on peut imaginer le génome comme le contenu d'un roman, l'ensemble de ses caractères typographiques. Mais chaque lecteur va vivre ce même contenu, l'éprouver et l'interpréter de façon différente des autres, l'amenant chaque fois lui aussi à une vie différente en son sein. On peut voir ainsi l'action épigénétique comme l'adaptation de chaque gêne au milieu périnatal.

Nous nommerons « tempérament » cet héritage génétique actualisé par l'épigénèse que la science moderne est capable de décoder et d'interpréter. Il s'agit littéralement de notre « loi physique ». Cette loi s'exprime par des dispositions psychiques particulières stables que nous appellerons le « caractère » d'un individu. Tempérament et caractère sont peu modifiables, ils sont stables tout au long de l'existence (le mot « caractère » provenant d'ailleurs d'un mot grec qui signifie « signe gravé, empreinte »).

Le tempérament désigne donc l'ensemble des traits corporels « innés », biologiques, génétiques (ainsi qu'épigénétiques) d'un individu.

Le caractère est l'expression psychique du tempérament.

La personnalité est une organisation dynamique résultant de l'interaction du caractère avec les expériences historiques vécues par l'individu (ses « acquis »).

Le tempérament a des caractéristiques biologiques identifiables, telle la concentration en cortisol ou en testostérone, hormones qui interviennent dans le stress ou l'agressivité.

La personnalité évolue rapidement dans la petite enfance et devient plus stable à l'entrée à l'école (il devient alors possible de la définir). Mais notre personnalité peut continuer à évoluer durant toute notre vie.

Le caractère est le squelette psychique d'un individu ; le tempérament, son squelette neurobiologique. Nous nous exercerons plus tard à établir des correspondances entre tempérament et caractère. Pour le moment, leurs définitions et distinctions vont nous servir pour la classification de certaines approches de la personnalité, celle-ci résultant de l'union et des interactions entre les dispositions innées (le tempérament ou le caractère, selon l'approche, corporelle ou spirituelle) et les dispositions acquises, résultant des diverses influences et expériences, familiales et socio-culturelles.

En résumé, et avec d'autres mots, pensons la personnalité d'un individu comme l'organisation dynamique de ses dispositions psychophysiques, organisation qui détermine les ajustements singuliers de l'individu à son environnement. Elle est unique, totale et singulière pour un individu mais elle possède des caractéristiques communes avec d'autres individus. Elle est relativement stable dans le temps.

Nous allons maintenant parcourir les principales théories de la personnalité qui ont été avancées jusqu'ici. Elles sont nombreuses et, automatiquement, la comparaison entre elles vient à l'esprit, ainsi que la question : quelle est la plus pertinente ? Mais on peut difficilement comparer des théories qui se basent sur des présupposés différents et donc, abordent le même problème – celui de la connaissance d'un individu – en se focalisant sur un aspect particulier – une ou des dispositions singulières. Pour atteindre une connaissance idéale complète de la personnalité d'un individu, connaissance qui porte les noms savants de « idiologie », « idiographie » ou « idiosyncrasie » (tous ces termes portent le préfixe « idio » qui signifie « propre », « particulier »), il faudrait dès lors lui appliquer chacune de ces théories afin d'étudier chacun des aspects de sa personnalité. Ce serait une bonne démarche mais qui nécessiterait aussi l'étude des liens entre ces théories et donc des interactions entre les diverses dispositions. Mais ces liens et ces interactions ne peuvent s'envisager, ainsi que nous l'avons déjà signalé, qu'au sein d'une théorie globalisante, elle-même insérée dans une théorie anthropologique. C'est, rappelons-le, l'objet et le but de cet ouvrage.

Mais commençons par exposer notre méthode de présentation des théories.

II. Méthode de présentation des théories

Après avoir envisagé les propriétés naturelles que l'on pourrait déduire d'une définition de la personnalité d'un individu, nous en avons avancé une définition générale.

Elle diffère évidemment des diverses définitions adoptées par les théories historiques qui, nous l'avons mentionné, se concentrent chacune sur une perspective particulière qui peut être vue comme la focalisation sur une (ou plusieurs) disposition(s) ou tendance(s) singulière(s). Pour examiner si ces théories peuvent entrer dans le cadre de notre définition générale, nous allons les aborder par le biais de cette focalisation, en nous posant la question de la ou des dispositions prises en compte, de leur organisation et de leur « loi de composition » éventuelles au sein d'une structure et, ainsi de leur utilité à satisfaire les attentes d'une théorie de la personnalité, essentiellement une connaissance assez fine des particularités de l'individu, de leurs constances et de leurs éventuelles modifications ou évolutions (ce qui ouvre la porte à la possibilité d'une psychothérapie), ainsi que la prédiction des comportements de cet individu dans les situations existentielles, notamment professionnelles.

Afin de rendre notre démarche plus concrète nous allons d'abord l'illustrer par un compte rendu des parties de l'approche métapsychologique de Freud se rapportant à la notion de personnalité.

Interrogeons-nous en premier lieu sur la ou les dispositions envisagées. Celles-ci prennent chez Freud le nom de *pulsions* (« Trieb » en Allemand), définies comme suit :

« Le concept de pulsion nous apparaît comme un concept limite entre le psychique et le somatique, comme le représentant psychique des excitations issues de l'intérieur du corps et parvenant au psychisme comme une mesure de l'exigence de travail qui est imposée au psychisme en raison de sa liaison au corporel. »

Ou, plus explicitement :

« Par pulsion, nous désignons le représentant psychique d'une source continue d'excitation provenant de l'intérieur de l'organisme, que nous différencions de "l'excitation" extérieure et discontinue. La pulsion est donc un concept à la limite du psychique et du physique (...) Ce qui distingue les pulsions les unes des autres, et les marque d'un caractère spécifique, ce sont les rapports qui existent entre elles et leurs sources somatiques d'une part, et leurs buts d'autre part. La source de la pulsion se trouve dans l'excitation d'un organe, et son but prochain est l'apaisement d'une telle excitation organique (...) ; les excitations somatiques sont de deux ordres, qui se différencient selon leur nature chimique. Nous désignerons l'une de ces excitations comme spécifiquement sexuelle, et l'organe correspondant comme zone érogène d'où provient la pulsion sexuelle partielle. »

Cette définition est loin d'être simple, mais retenons qu'une pulsion est une « poussée » énergétique qui prend sa source dans le corps et impose à l'esprit de lui trouver un moyen afin d'arriver à son unique but qui est sa satisfaction. L'exemple le plus parlant d'une pulsion en est le désir sexuel : il provient du sexe, il peut atteindre sa satisfaction au moyen, par exemple, de la masturbation ou du rapport sexuel. Le concept de pulsion permet de penser l'unité psychosomatique d'un individu. Il renferme ainsi deux dispositions, l'une physique, l'autre affective (penser une pulsion comme un désir) ; nous parlerons donc de dispositions affectivo-somatiques.

Dans quelle structure placer ces dispositions ?

Cette structure est la deuxième topique freudienne, la première étant celle des systèmes Inconscient – Préconscient – Conscient.

Freud imagine la personnalité d'un individu comme étant la structure formée des trois instances que sont le Ça, le Surmoi et le Moi :

Le Ça :

C'est le réservoir des pulsions et des désirs refoulés. Il a un rôle inconscient et donc involontaire, il nous est inconnu. Le Ça n'a pas été théorisé par Freud mais par G. Groddeck qui le définit comme ce qui se passe en nous et qui nous échappe. Il est dominé par le principe de plaisir. Dans le Ça seront refoulés tous les éléments ginterdits. Il va rentrer en conflit avec le Moi et le Surmoi.

Le Surmoi :

Cette instance joue un rôle de censeur ou de juge. Il correspond à notre conscience morale, notre autocensure. Cette censure peut être consciente ou inconsciente. Il se forme par l'intériorisation des interdits parentaux et des exigences sociales. C'est par lui que s'effectue le refoulement des désirs et pulsions dans l'inconscient. Les exigences du Surmoi peuvent être très grandes ce qui peut provoquer des conflits avec le Moi et le Ça, et aussi des troubles de personnalité.

Le Moi :

Il est le médiateur entre le Ça, le Surmoi et la réalité. Il se constitue progressivement au contact de la réalité. C'est le Moi qui met en place le raisonnement intellectuel objectif. C'est aussi grâce au Moi que l'on a la perception d'être. Il doit composer avec les exigences des autres instances (Ça et Surmoi) et le monde extérieur : Le Moi est donc dominé par le principe de réalité. Le Moi a ainsi une place fragile au sein de la personnalité. Pour se préserver, il peut utiliser la censure, cette dernière est inconsciente et adaptative. Il met aussi en place ce que l'on nomme des mécanismes de défense (pour se préserver du conflit entre les pulsions ou désirs du Ça et les interdits du Surmoi). La cure psychanalytique vise un renforcement du Moi.

Comment « se composent » les pulsions et désirs ? Ce sont les conflits qui gèrent leurs interactions : conflits entre eux, entre eux et les interdits provenant du Surmoi, donc, globalement, entre le Ça et le Surmoi, conflits entre leur mode de fonctionnement, le principe de plaisir, qui exige la satisfaction immédiate et le principe de réalité qui s'y oppose, donc entre le Ça et le Moi.

Ces conflits ont des conséquences souvent dramatiques car ils peuvent générer des troubles de la personnalité que Freud classe en trois catégories : névroses, psychoses et perversions. Chacun de ces troubles est l'effet d'une faiblesse du Moi et se traduira par des comportements inadaptés à la réalité.

La névrose résulte d'un conflit mal résolu entre le Ça et le Moi, par le biais du refoulement par ce dernier d'une pulsion inacceptable. Elle se traduit par des tentatives de modification fantastique de la réalité, par des phobies, des angoisses ou des obsessions.

La psychose provient de la mauvaise résolution d'un conflit entre le principe de plaisir et le principe de réalité. Elle a pour effet la création d'une nouvelle réalité, substitutive.

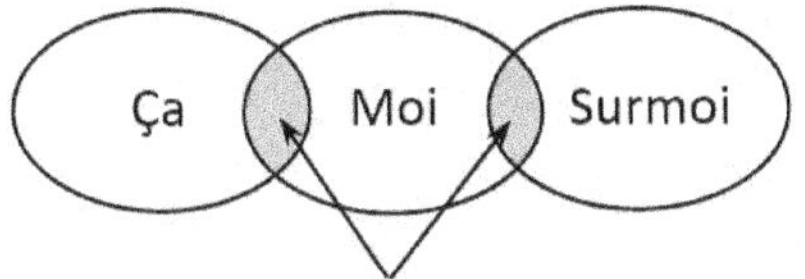

Parties inconscientes du moi

Enfin, la perversion, elle, se caractérise structurellement par la coexistence clivée entre ces deux modalités d'être au monde : « *un comportement qui réunit certains traits des deux réactions, qui, comme dans la névrose, ne dénie pas la réalité, mais s'efforce ensuite, comme dans la psychose, de la recréer.* »

Remarquons qu'une question se pose immédiatement à l'esprit : comment se construit une telle personnalité ? Freud y répond par sa théorie des cinq stades psycho-sexuels : oral, anal, phallique, latence, génital (« *L'enfant est le père de l'homme* »). Comme notre définition générale est structurale, nous avons omis cet aspect dynamique de la théorie freudienne.

Cette spéculation freudienne, ou, selon ses propres termes, cette mythologie (« *La théorie des pulsions est pour ainsi dire notre mythologie, les pulsions sont des essences mythiques, formidables dans leur indétermination. Elles nous frappent par leur plasticité, leur capacité de changer de buts et leur faculté de se faire représenter. Nous ne pouvons dans notre travail les perdre un instant de vue et nous ne sommes cependant jamais sûrs de les apercevoir avec acuité.* ») permet l'élaboration d'un modèle de la personnalité d'un individu, modèle qui présente cependant des lacunes par rapport à la définition que nous avons proposée et les attentes que l'on peut en espérer.

Cela n'a rien d'étonnant puisque la perspective principale en est dictée par la théorisation d'une technique particulière de guérison de certaines maladies mentales, la cure analytique, qui postule leur origine dans le refoulement dans l'inconscient d'un traumatisme vécu dans le passé et qu'il s'agit de faire ressurgir.

Et dès lors ce modèle néglige les dispositions autres qu'affectivo-somatiques de l'individu, comme ses dispositions cognitives, socio-culturelles ou ses aptitudes.

S'il peut éventuellement s'appliquer à certaines pathologies, il est tout-à-fait inutile pour cerner des individualités qui ne souffrent pas de ces troubles, ni pour prédire leurs comportements dans les situations banales de l'existence, comme les situations amoureuses ou professionnelles.

Ayant illustré notre méthode, il nous faut encore clarifier les termes habituels utilisés dans les classifications.

Jean-Pierre & Mikhaël Vandeuren

III. Dynamique ou structurale ; types ou traits ?

Classiquement, en psychologie de la personnalité, on commence par distinguer deux catégories de théories : les « dynamiques » et les « structurales ».

Les premières sont celles qui décrivent le *fonctionnement* de la personnalité. On y classe en général les approches psychanalytiques (Freud), néo-analytiques (Jung, Adler, …) et humanistes (Rogers, Maslow). Les secondes décrivent la *structure* de la personnalité en inventoriant certaines de ses caractéristiques. Elles se subdivisent en théorie des *types* (ou *typologies*) et théories des *traits*.

Un *type* est une catégorie d'individus qui se ressemblent sur un certain nombre de caractéristiques prédéterminée par la théorie – il s'agit des dispositions envisagées – et qui se différencient d'une autre catégorie d'individus. Une *typologie* est un ensemble de types.

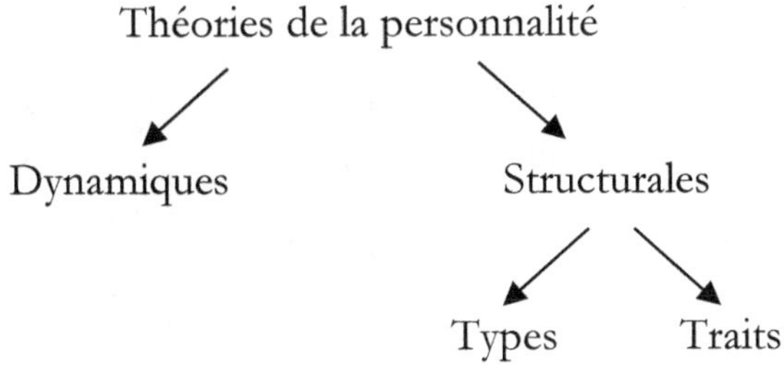

La plus ancienne typologie est celle d'Hippocrate-Galien dont les 4 types proviennent d'une focalisation sur des caractéristiques (dispositions) somatiques, les « humeurs », au nombre de quatre : l'atrabile ou bile noire, la lymphe, la bile jaune et le sang.

Suivant la prédominance de l'une de ces humeurs, quatre grands types de tempéraments apparaissent :

- le mélancolique ou atrabilaire (prédominance de la bile noire) : rumineur, replié, émotif, peu sociable
- le flegmatique (prédominance du phlegme) : calme, lent, modéré, sensible à la douleur
- le colérique ou bilieux (prédominance de la bile jaune) : agressif, irritable, volontaire, logique
- le sanguin (prédominance du sang) : bon vivant, optimiste, sociable, excessif

Remarquons que les catégories initiales (dynamiques et structurales) ne sont pas imperméables. Nombre de théories « dynamiques » débouchent sur une typologie, donc une structure. Il en est ainsi de la plupart des théories psychanalytiques et néo-analytiques. Nous l'avons rapidement signalé à propos de la théorie freudienne.

Remarquons aussi que la description des caractéristiques internes à chacun des types se fait en termes de « traits de caractères » : émotif, agressif, sociable, … La deuxième classification (types – traits) est donc également sujette à la porosité de ces classes, mais, comme nous le verrons dans un instant, cette porosité est à sens unique : une typologie utilise des traits pour ses descriptions internes aux types, mais la plupart des théories des traits ne rassemblent pas ses résultats en des types, à deux exceptions près, la caractérologie de Le Senne – Berger et le MBTI.

Mais continuons : un *trait* (ou *dimension*) est « *une disposition interne, relativement générale et permanente, plus ou moins marquée selon les individus et ayant une valeur explicative du comportement* » (Huteau).

Par exemple, la sociabilité d'un individu est un trait de sa personnalité qui peut en expliquer la recherche de nombreux amis ou connaissances.

Notons qu'un trait doit être envisagé comme une caractéristique continue et non discrète, au contraire du type qui est nécessairement discret. Ainsi, la sociabilité varie continûment de « pas sociable du tout » à « tout-à-fait sociable », sachant bien que les extrêmes sont des cas-limites qui ne se rencontrent jamais.

Une théorie de traits décrit la structure de la personnalité au moyen d'un certain nombre de traits ou dimensions de base.

Le choix de ces dimensions de base est à nouveau une focalisation sur certaines dispositions. La définition du terme « trait » l'indique d'ailleurs : un trait est une *disposition* interne …

Historiquement, l'approche typologique a recueilli les faveurs des penseurs depuis l'antiquité jusqu'à la fin du 19e siècle où elle est tombée en désuétude en faveur de l'approche par les traits qui a dominé toute la psychologie de la personnalité jusqu'à nos jours.

Quelle en est la raison ?

La raison profonde est basée sur un postulat technique admis, implicitement ou explicitement, par tous les théoriciens des traits, celui d' « homogénéité locale » de ceux-ci.

Il faut d'abord savoir que les traits, ou dimensions de base, furent découverts par une application statistique, l'analyse factorielle, à l'ensemble des caractérisations lexicales des traits de caractères des individus. En gros, l'analyse factorielle cherche à réduire un nombre important d'informations (prenant la forme de valeurs sur des variables) à quelques grandes dimensions.

Par exemple, on peut soumettre à 1000 individus un questionnaire contenant les 17 items suivants et demandant de se situer par rapport aux affirmations qu'ils contiennent en cochant l'une des trois possibilités habituelles (pas du tout vrai, moyennement vrai, tout-à-fait vrai en ce qui me concerne) :
1. je suis sociable,
2. je suis bavard,
3. je communique avec beaucoup d'enthousiasme,
4. je suis plein d'énergie,
5. je m'exprime avec assurance,
6. je suis timide,
7. je suis réservé,
8. j'ai tendance à être silencieux,
9. je suis efficace dans mon travail,

10. je suis fiable dans mon travail,
11. je travaille consciencieusement,
12. je persévère jusqu'à ce que ma tâche soit finie,
13. je fais des projets et les poursuis,
14. je peux être parfois négligent,
15. je suis facilement distrait,
16. j'ai tendance à être désorganisé,
17. j'ai tendance à être paresseux.

On obtiendra alors un tableau de 17 colonnes et 1000 lignes difficilement exploitable. L'analyse factorielle permettra cependant de dégager deux dimensions principales, que l'on a nommée « Ouverture » autour de laquelle se répartissent les huit premiers traits et « Conscience » autour duquel gravitent les suivants. Ces dimensions font partie des cinq qui constituent la théorie dite du Modèle à Cinq Facteurs (MCF). Nous y reviendrons.

Les recherches en théorie des traits consistent à essayer de postuler et valider l'existence d'un certain nombre de traits, et d'en étudier ensuite les relations et l'interaction. Mais ces études se font, comme dans l'exemple précédent, sur des groupes d'individus. C'est là que se pose la question technique d' « homogénéité locale » : les propriétés causales actives au niveau de la population et celles actives au niveau de chacun des individus dans cette population sont-elles les mêmes ? Par exemple, la corrélation entre la puissance musculaire et le poids soulevé est une propriété localement homogène : qu'une population de gens très musclés soulève plus qu'une population d'individus grêles s'explique par le fait qu'un individu musclé normalement soulève plus qu'un individu grêle.

Or, sachant que la plupart des résultats en théorie des traits, ont été obtenus par des méthodes statistiques sur des populations ou des groupes, et que ces méthodes, basées sur des tendances et des effets moyens au niveau de la population, effacent souvent des différences très intéressantes au niveau des sous-groupes de la population, on peut sérieusement douter du présupposé d'homogénéité locale. D'ailleurs cette « hétérogénéité locale » des traits de caractère se traduit déjà par la polysémie habituelle des termes linguistiques censés les définir. Par exemple, le trait de caractère qu'est la « timidité » est-il une peur, un manque de hardiesse, de vigueur, de capacité à se décider, à entreprendre, d'aisance, d'assurance dans les relations avec autrui, une tendance à se troubler ou à perdre ses moyens sous le regard des autres, … ? Les causes de cette timidité sont-elles d'origine génétique (hyper-sensibilité) ou historique (rabaissement familiaux ou scolaires) ou autres ? Le comportement timide d'un individu est-il constant ou circonstanciel ? On le voit, la « timidité » ne semble pas être un concept homogène localement.

Quoiqu'il en soit, c'est à partir de ce présupposé que la théorie des traits a évincé la typologie dans les études sur la personnalité. En effet, sous cette hypothèse d'homogénéité locale, la notion de type perd toute spécificité théorique et peut être complètement réduite à l'action de plusieurs traits. Si on part du constat que l'appartenance à des catégories différentes (quelles qu'elles soient) d'une typologie doit être justifiée par l'action de facteurs psychologiques de plus bas niveau par rapport au type (en d'autres termes, si celle de type ne peut pas être une notion primitive de la théorie, il faut bien définir un type à partir de l'action de processus plus basiques), alors de deux choses l'une : soit l'action de ces facteurs plus basiques est complexe, difficile à résumer et non équivalente dans des individus différents, et alors il est bien utile et informatif de résumer dans des « types » l'effet émergent de ces facteurs. Soit la contribution et l'action de chaque facteur est bien comprise et est la même dans chaque individu, mais alors il vaut mieux s'exprimer directement en mobilisant ces facteurs pour expliquer l'effet global : la catégorisation en type devient parfaitement épiphénomènale.

Or, étant donné que dans l'explication traditionnelle ce facteur plus basique qui explique l'émergence du type est bien sûr le trait, il est clair qu'une théorie scientifique des traits n'a pas besoin de résumer ses résultats par l'élaboration d'une typologie. Par exemple, dans le cas du Modèle à Cinq Facteurs, si on peut dire qu'un individu a un haut niveau d'extraversion et de névrosisme et un bas niveau de conscience, pourquoi donner un nom à cette configuration ? Et même si on procédait ainsi par commodité, quelle serait la profondeur théorique et l'utilité d'une telle classification ?

Par contre, si on abandonne le postulat d'homogénéité locale, si la personnalité est constituée par des traits qui se comportent de façon différente dans des individus différents, si bien qu'il n'existe pas quelque chose comme la contribution typique d'un trait à l'économie de la personnalité, alors la typologie reprend sa place dominante dans les théories de la personnalité.

Selon nous, l'hypothèse d' « homogénéité locale » des traits n'est pas tenable et les traits massivement utilisés jusqu'ici peuvent se retrouver par composition au sein d'une structure à partir de certains types. C'est pourquoi nous adopterons une théorie basée sur des types, mais ne pouvant pas se réduire globalement à une typologie. Mais n'anticipons pas.

Avant de procéder à un classement des théories, donnons-en un aperçu historique…

IV. Aperçu d'une longue histoire

La notion de type humain n'a pas manqué de stimuler les théoriciens qui ont essayé d'élaborer une compréhension systématique de la personnalité humaine. L'histoire des typologies de personnalité et des types humains est bien longue : Théophraste, disciple d'Aristote, avait repéré 30 types de caractère typiques et exhaustifs dans la société de l'époque, suivant la façon de se conduire en société et de gérer les affaires. Plus tard, Hippocrate a proposé une classification en quatre types de tempéraments, que nous avons déjà évoquée, à partir d'une théorie physiologique qui voit l'action de quatre fluides corporels (la bile jaune, la bile noire, le sang et la lymphe) et des quatre éléments de la nature (le feu, l'air, la terre et l'eau) réguler l'équilibre psychique et expliquer les différences individuelles dans des attitudes comme la rationalité, la moralité et les passions. Développant cette théorie, Galien a proposé neuf types tempéramentaux : dans le type idéal, tous les éléments étaient en équilibre, puis il y avait quatre types négatifs dans chacun desquels un seul couple formé par un fluide corporel et un élément naturel avait le dessus. Enfin, dans les quatre types restant – les plus célèbres – deux fluides corporels exerçaient l'influence principale : il s'agit des mélancoliques (qui sont maussades, tristes et déprimés), les sanguins (qui sont très actifs et enjoués), les colériques (qui sont susceptibles, irritables et agressifs) et les flegmatiques (qui sont apathiques et paresseux).

Les spéculations sur les types humains disparaissent après cette théorie des humeurs qui influencera profondément la médecine, les arts et le langage jusqu'au 18ᵉ siècle. Au 17ᵉ siècle, La Bruyère s'inspire de Théophraste et écrit son fameux livre « Les Caractères » où il faut entendre par ce terme un type humain identifiable par un certain nombre de traits permanents qui constituent des invariants repérables, un archétype.

Il faut attendre la fin du 19ᵉ siècle et le début du vingtième pour voir naître un nouvel essor des typologies. Par la caractérologie d'abord avec les études de Heymans et Wiersma, en 1909, études qui prolonge d'une certaine manière la théorie des humeurs puisqu'elle les retrouve au sein des 8 types qu'elle construit. Un peu plus tard, en 1945, cette typologie sera reprise et affermie par René Le Senne et prolongée par Gaston Berger.

Par ailleurs Ernst Kreschmer et William Sheldon proposent chacun des types psycho-morphologiques, des somatotypes, prolongeant aussi l'approche corporelle de Hippocrate. La sphère analytique et néo-analytique n'est pas en reste et elle engendre quelques typologies célèbres en ajoutant aux dispositions psychosomatiques freudiennes des pulsions des dispositions essentiellement socioculturelles, dont la célèbre dichotomie extra/intra-version de Jung qui fut promise à une très large postérité. Adler, Jung, Horney, Reich et Kernberg se fendirent chacun d'une typologie. Celle en 16 types de Myers-Briggs, basée sur les travaux de Jung, prolonge ceux-ci et est devenue très populaire. La distinction entre les individus de type A et de type B développée par Friedman et Rosenman est aussi célèbre :

« Les individus de Type A sont compétitifs, travailleurs, impatients, impulsifs, agressifs verbalement, manifestent une forte propension à l'hostilité et aiment prendre des risques. Les individus de Type B présentent le profil contraire, c'est-à-dire qu'ils sont peu compétitifs, patients, peu hostiles ou colériques. »

Les progrès récents de la neurobiologie et des études sur le cerveau ont permis à des auteurs de l'approche psychosomatique d'Hippocrate et de Galien. Ainsi, Ned Herrmann a proposé un modèle qualifié de « cerveau total » et un test, le HBDI (Herrmann Brain Dominance Instrument), pour analyser des profils individuels et d'équipe, tandis que Jacques Fradin, comportementaliste et cognitiviste, utilise les dernières découvertes en génétique et épigénétique et, sur base des travaux de Henri Laborit, aboutit à une typologie constituée de 8 catégories, mais dont l'aspect original est de considérer que chacun de nous relève de deux types, une personnalité « primaire » qui nous correspond vraiment et une personnalité « secondaire », sorte de costume qui ne nous convient pas totalement.

En marge du monde universitaire où se développent toutes ces typologies, signalons-en une, athéorique mais très séduisante. Elle est, paraît-il, ancestrale, remontant à Pythagore, et fut (ré)introduite en Europe en 1920 par un certain Georges Gurdjief. Il s'agit de l'ennéagramme où les 9 types qui le constituent sont représentés par 9 points sur un cercle, reliés entre eux par des flèches qui indiquent les relations entre ces types.

Malgré cette prolifération, en psychologie de la personnalité, comme nous l'avons indiqué, la typologie se trouve peu à peu évincée du devant de la scène au profit des théories de traits.

Mais avant d'en venir à ces dernières, il faut encore signaler l'existence de deux autres courants, le comportementalisme (Skinner, Bandura, Rotter) et le cognitivisme (Kelly, Mishel, Beck).

La théorie comportementaliste voit dans la personnalité une somme de comportements réductibles aux rapports entre stimuli et réponses ; elle rejette toute idée de structure ou d'unité et, dans sa forme extrême, elle réduit l'individu à « des centaines d'habitudes indépendantes et spécifiques ». Skinner en est le représentant le plus emblématique. Pour lui, la personnalité est influencée exclusivement par les expériences de vie et est tout au plus un répertoire de comportements engendrés par un ensemble déterminé de contingences, ce qui est, nous l'avons mentionné dans l'introduction, un point de vue déjà envisagé par le philosophe David Hume.

Alors que les comportementalistes décident d'ignorer tout ce qui se passe dans la « boîte noire » de l'individu qu'est sa psyché, et notamment ses processus cognitifs, les cognitivistes, eux, décident de privilégier ceux-ci : ces processus représentent la composante dominante de la personnalité. Le cognitivisme est un constructivisme : il considère que l'individu se construit une vision intellectuelle du monde qui lui permet de s'y adapter le mieux possible dans le but d'y réaliser ses attentes. Cette vision du monde porte d'ailleurs le nom de « construct » chez Kelly et de « schémas » chez Beck et Young, et c'est ce qui détermine la personnalité. Les comportements des individus, leurs pensées et leurs impressions sont déterminés par les « constructs » qu'ils utilisent pour anticiper et prédire les événements. Selon Mischel, il existe cinq variables qui contribuent aux conditions d'une situation particulière. Elles sont utilisées pour prédire comment une personne se comportera le plus probablement.

1. Compétences - nos capacités intellectuelles et nos habilités sociales.
2. Stratégies cognitives - les différentes perceptions d'un événement spécifique. Par exemple, ce qui est menaçant pour vous peut être perçu comme un défi par une autre personne.
3. Attentes - les résultats attendus des différents comportements exprimés par la personne.
4. Valeurs subjectives - la valeur respective des résultats possibles de divers comportements.
5. Systèmes auto-régulés – l'ensemble des règles et des normes auxquelles les gens s'adaptent afin de réguler leur comportement.

En fin de compte, Mischel estime que la personnalité en soi n'existe pas et que nos traits ne sont que des stratégies cognitives et des choses que nous faisons pour obtenir des récompenses. En tenant compte à la fois des déterminations internes de l'individu et des situations qu'il vit, Mishel est un interactionniste.

Nous en arrivons maintenant au dernier avatar des tribulations en psychologie de la personnalité, le trait.

Le fondateur de la psychologie de la personnalité en tant que branche spécifique de la psychologie, aux environs de l'année 1935 est Gordon Allport et ses idées influencent encore cette branche à l'heure actuelle, la principale d'entre elles étant que la personnalité doit être abordée par le biais des traits. Pour dégager les dimensions fondamentales de la personnalité, Allport va utiliser une approche lexicale : « *Ces différences individuelles qui sont les plus saillantes et les plus pertinentes socialement dans la vie des gens finissent par être codées dans leur langue ; plus une telle différence est importante, plus il est probable qu'elle soit exprimée par un seul mot.* » (Allport et Odbert). En 1936, Allport et Odbert recensent dans un dictionnaire anglais 1953 termes relatifs à la personnalité et aux états mentaux desquels seront extraits, par analyse factorielle, les dimensions de base. Trois modèles principaux ont été issus de cette démarche : le modèle de Cattell, le modèle de Eysenck, et le Modèle à Cinq Facteurs.

Le modèle de Raymond Cattell comprend 16 facteurs primaires (ce pourquoi il est appelé modèle 16PF) et 5 facteurs globaux, obtenus par une seconde analyse factorielle, qui regroupent 15 des facteurs primaires.

Les facteurs primaires sont dénotés par une lettre majuscule (A, B, C, E, F, G, H, I, L, M, N, O, Q1, Q2, Q3, Q4).

Les facteurs globaux sont : Extraversion (regroupe A, F, H, N et Q2) ; Anxiété (regroupe C, L, O et Q4) ; Intransigeance (regroupe A, I, M et Q1) ; Indépendance (regroupe E, H, L et Q2) ; Maîtrise de soi (regroupe F, G, M et Q3). Le facteur B (le raisonnement) est à part.

Facteurs primaires	Facteurs globaux
A : Cordialité F : Vivacité H : Assurance en société N : Réserve Q2 : Autonomie, Confiance en soi	**Extraversion :** Orientation sociale ; désir d'être entouré et de se faire remarquer ; énergie investie dans le développement et le maintien de relations sociales.
C : Stabilité émotionnelle L : Méfiance O : Appréhension, Inquiétude Q4 : Tension	**Anxiété :** Equilibre émotionel ; type et intensité des émotions ressenties et vécues ; manière dont une personne gère les pressions et le stress qu'elle reçoit dans sa vie.
A : Cordialité I : Sensibilité M : distraction, Imagination Q1 : Ouverture aux changements	**Intransigeance :** Façon de traiter les informations ; capacité à résoudre des problèmes à un niveau objectif et cognitif ou en tenant compte de considérations subjectives ou personnelles.
E : Ascendance, Dominance H : Assurance en société L : Méfiance Q2 : Autonomie, Confiance en soi	**Indépendance :** Rôle joué par une personne lors de l'interaction avec d'autres personnes ; capacité d'influencer l'opinion des autres ou d'être influencée par celle-ci.
F : Vivacité G : Conscience, Respect des règles M : distraction, Imagination Q3 : Performance	**Maîtrise de soi :** Manière dont une personne structure et ordonne sa vie ; auto-discipline interne.

Hans Eysenck ne part pas d'une analyse lexicale, mais de données médicales, biographiques, et psychologiques des patients de l'hôpital psychiatrique dans lequel il travaille. Il extrait de chaque dossier 39 variables et code ces variables pour 700 patients. Une analyse factorielle lui permet d'extraire 2 facteurs indépendants qui résument les 39 variables : le névrosisme, noté N et caractérisé par de l'anxiété, de la dépression, de la culpabilité, une faible estime de soi, de l'irrationalité et une sur-émotivité ; l'extraversion, notée E, et caractérisée par la sociabilité, l'expressivité, l'enthousiasme, l'activité, la recherche de sensation et la dominance. Par après, Eysenck ajoutera un troisième facteur à son modèle, le psychotisme (ou psychoticisme), noté P, et caractérisé par l'impersonnalité, l'égocentrisme, la froideur et la dureté. Il obtient ainsi le modèle PEN. Eysenck proposera ensuite une interprétation biologique de ses trois facteurs, ce qui raccrochera son modèle aux psychosomatiques ou psychobiologiques.

A propos de cette dernière remarque, mentionnons un autre modèle psychobiologique, celui de Cloninger, qui est un des rares à considérer des dispositions innées, issues de la biologie – Il envisage 4 tempéraments – et des dispositions acquises, façonnées par l'environnement et les événements de vie – Il en considère 3 qu'il nomme « caractères ».

Enfin, nous arrivons au modèle dominant et relativement consensuel dans le domaine de la personnalité, le Modèle à Cinq Facteurs (MCF). Il est issu de deux courants de recherches, l'approche lexicale (Golberg) et l'approche par les questionnaires (Costa et McCrae), exploités statistiquement par l'analyse factorielle. Ces dernières analyses conduisent à la mise en évidence de cinq facteurs globaux et de 6 facteurs de niveau inférieur qui expriment chacun des facteurs globaux, et qu'on appelle des facettes.

Les 5 facteurs sont désignés par des lettres majuscules :

O uverture
C onscience
E xtraversion
A gréabilité
N évrosisme

Enoncés dans cet ordre, ils forment un acronyme mnémotechnique (OCEAN).

Voici le modèle complet :

Ouverture : accepter de vivre de nouvelles expériences

Facettes : 1. rêveries   4. actions
2. esthétique   5. idées
3. sentiments   6. valeurs

Conscience : caractère consciencieux, contrôlé, déterminé

Facettes : 1. compétence
2. ordre
3. sens du devoir
4. recherche de réussite
5. autodiscipline
6. délibération (examen approfondi à propos d'une question)

Extraversion : énergie dans l'approche du monde extérieur

Facettes :
1. chaleur
2. grégarisme (vie en groupe)
3. assertivité (s'affirmer tout en respectant autrui)
4. activité
5. recherche de sensations
6. émotions positives

Agréabilité : orientation pro-sociale

Facettes :
1. confiance
2. droiture
3. altruisme
4. compliance (respect d'une prescription médicale)
5. modestie
6. sensibilité

Névrosisme : instabilité émotionnelle

Facettes :
1. anxiété
2. hostilité
3. dépression
4. timidité sociale
5. impulsivité
6. vulnérabilité

Après ce passage en revue historique des diverses théories de la personnalité, nous allons les classer selon les types de dispositions qu'elles ont privilégiées.

V.   Classification

1.   *Dispositions psychobiologiques : les approches par le tempérament ou le caractère.*

Rappelons que nous avons appelé « tempérament » d'un individu son héritage génétique actualisé par l'épigénétique. Il s'agit de l'ensemble de ses dispositions physiologiques innées.

Le « caractère » de cet individu est l'expression psychique du tempérament. René Le Senne le définit comme « *l'ensemble des dispositions congénitales qui forme le squelette mental d'un homme.* »

Les approches par la biologie sont nombreuses. Elles débutent avec la théorie antique des humeurs, sont reprises au 20ᵉ siècle par des psychologues tels que Sheldon, Kretschmer, Eysenck, Cloninger et, enfin, par des neurobiologistes tels que Jacques Fradin.

Les approches par le caractère forment la caractérologie. Elle fut très active durant environ un siècle, de la moitié du 19ᵉ siècle à la moitié du 20ᵉ. Elle est représentée, entre autres par Malapert, Heymans et Wiersma, Le Senne, Berger, Jerphagnon, Mounier. Elle est actuellement tombée en désuétude, à tort à notre avis.

Jean-Pierre & Mikhaël Vandeuren

Les approches physiologiques

La théorie des quatre humeurs

Historiquement, le premier à avoir énoncé cette théorie est Empédocle (-485 à -435). Hippocrate n'en est donc pas le fondateur, mais bel et bien celui qui en a énoncé clairement et de façon cohérente les grands principes. Ils ont été repris par Gallien.

Leur théorie illustre parfaitement bien l'approche physiologique : partant d'une conception du corps humain, elle va décrire des types de tempéraments et leurs comportements spécifiques.

Détaillons.

Le corps humain est pensé comme composé des quatre éléments, Air, Feu, Eau et Terre qui sont en correspondance avec différentes qualités, chaud, froid, sec et humide. Ces quatre éléments, ainsi que leurs qualités, existent dans le corps humain sous forme de quatre humeurs, dites cardinales (*humeur*, étymologiquement, signifie « liquide ») :

- Le Feu, sec et chaud, est donné par la bile jaune secrétée par le foie.
- L'Air, chaud et humide, est transmis par le sang.
- L'Eau, humide et froide, correspond à la lymphe ou phlegme, et est en lien avec le cerveau.

- Les vertus de la Terre, froide et sèche, sont transmises par la bile noire ou atrabile, née de la rate.

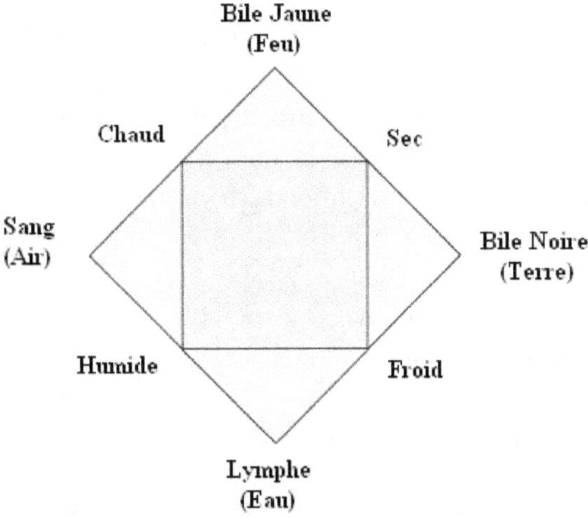

Chaque individu a en lui ces quatre humeurs, mais dans des quantités différentes.

Pour chaque humeur, un tempérament est décrit qui correspond aussi à l'un des quatre âges de la vie humaine.

✍ Tempérament lymphatique ou flegmatique ; petite enfance

Il est en lien avec l'élément eau, de nature froide et humide. L'humeur prédominante est la lymphe ou le phlegme. Physiquement, la personne est assez forte et décontractée, avec un regard doux.

Elle est patiente, prudente, fiable, réfléchie, constante,

impartiale, bien organisée, peu émotive, rêveuse, contemplative, nonchalante. Elle peut être aussi paresseuse et rancunière.

✎ Tempérament sanguin ; enfance et adolescence

Il est en lien avec l'élément air, de nature chaude et sèche. L'humeur prédominante est le sang. Physiquement, la personne est tonique et solide, avec un regard vif et chaleureux.

Elle est impulsive, sociable, enthousiaste, sympathique, drôle, ouverte, expressive, généreuse. Elle aime être en relation. Elle peut être frivole, exaspérante et superficielle.

✎ Tempérament bilieux ou colérique ; âge adulte

Il est en lien avec l'élément feu, de nature chaude et sèche. L'humeur prédominante est la bile jaune. Physiquement, la personne est musclée, tonique, énergique, avec un regard droit et autoritaire.

Elle est volontaire, responsable, courageuse, ambitieuse, énergique, tenace, assurée, innovante, déterminée, sécurisante mais colérique. Elle peut être aussi dominatrice, impulsive, susceptible.

✎ Tempérament mélancolique ou nerveux ; vieillesse.

Il est en lien avec l'élément terre, de nature froide et sèche. L'humeur prédominante est la bile noire, ou atrabile. Physiquement, la personne est assez petite, mince, avec des gestes rapides et vifs. Son regard est un peu soucieux et intérieur.

Elle est sensible et émotive, silencieuse, réfléchie, patiente, compatissante, intellectuelle, minutieuse, un peu agitée. Elle peut être aussi susceptible, compliquée et rancunière.

La théorie des quatre humeurs connut une postérité et des influences remarquables.

En médecine d'abord car selon elle, la santé du corps (et de l'âme) dépend de l'équilibre des humeurs cardinales. Tout un système de soin en découlait : on rééquilibrait l'excès d'une humeur par des saignées, des purges, des ventouses, des diètes, une certaine alimentation en harmonie avec le tempérament de la personne et de son âge. Chaque aliment et chaque plante était réputée avoir des vertus froides ou chaudes, sèches ou humides. Ces pratiques et ces croyances furent adoptées jusqu'à une époque toute récente puisqu'elle connut un ultime défenseur en la personne du biologiste Auguste Lumière (1862-1954).

Dans le langage courant ensuite où elle est à l'origine de nombreuses expressions telles que « se faire du mauvais sang », « être de bonne (ou de mauvaise) humeur », « se faire de la bile », « avoir un tempérament sanguin », « être d'une humeur noire »,…

En art aussi. Baudelaire s'en inspira pour écrire *Les fleurs du mal*, poèmes centrés sur la mélancolie ou « spleen » (mot provenant du grec σπλήν (*splèn*) signifiant « la rate »). De nombreuses œuvres peintes ou gravées y puisèrent aussi leurs thèmes.

En psychologie également où des théories la retrouveront comme cas particulier (Eysenck, caractérologie de Heymans et Wiersma – Le Senne).

Au vu de notre définition générale cette théorie des quatre humeurs est lacunaire sous de nombreux aspects : absence de structure, restriction aux dispositions physiologiques, limitation à une description et une explication sommaires, incapacité de réelles prédictions.

La typologie de William Herbert Sheldon (1898-1977) : approche morphologique

Dans les années 1940, Sheldon a décrit trois types corporels, ou somatotypes. Sa théorie associe les types de corps aux modèles de tempérament humain, ses comportements, son intelligence, sa place dans la hiérarchie sociale. Sheldon propose que le physique humain soit classé en fonction de la contribution relative de trois types corporels : les somatotypes.

Pour concevoir cette typologie des corps, W.H. Sheldon s'inspira des trois couches de tissu du développement embryonnaire (embryologie) : l'ectoderme (qui forme la peau et le système nerveux), l'endoderme (qui se développe dans le tube digestif), le mésoderme (qui devient les muscles, le cœur et les vaisseaux sanguins).

- Ainsi, l'endomorphe qui correspond à un grand développement du système digestif, en particulier l'estomac, conduit à des sujets ayant une certaine tendance à la corpulence, avec un corps mou et des muscles peu développés, qui cherchent le confort et le luxe, aiment manger, sont tolérants, sociables, joviaux, de bonne humeur, de type extraverti.
- Le mésomorphe correspond, lui, à un grand développement de la musculature et du système circulatoire. Il est corrélé au tempérament courageux, énergique, actif, dynamique, autoritaire, agressif, preneur de risque.
- L'ectomorphe, enfin, correspond à un grand développement du système nerveux et du cerveau qui forme des sujets ayant tendance à être mince, élancé, aux tempéraments sensible, timide, introverti, aux goûts artistiques développés, préférant l'intimité à la foule, se montrant souvent inhibés.

Jean-Pierre & Mikhaël Vandeuren

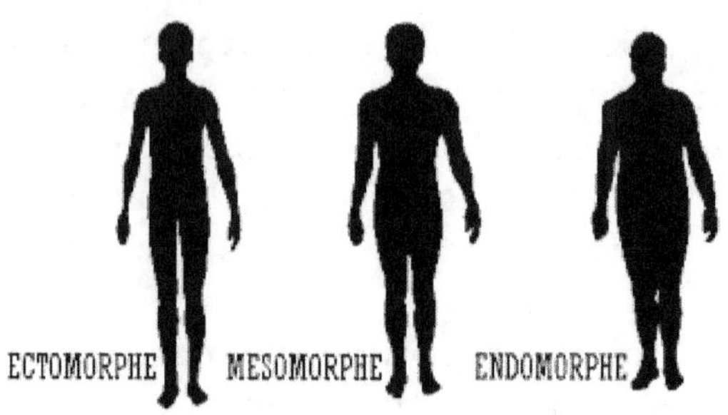

Il existe d'autres typologies psychosomatiques fortement apparentées à celle de Sheldon : Kretschmer (athlétique, pycnique, leptosome, dysplastique) ; Pende (bréviligne, longiligne) ; Sigaud et Mac Auliffe (musculaire, respiratoire, digestif, cérébral).

Toutes ces typologies souffrent des mêmes lacunes que la théorie des quatre humeurs.

La théorie de Eysenck : approche par traits, avec une interprétation biologique de ceux-ci

Dans notre parcours historique, nous avons introduit le modèle PEN de Eysenck où les trois traits de base sont le Psychotisme, l'Extraversion et le Névrosisme. Eysenck pense que ces facteurs de base sont héréditaires et il en fournit une interprétation biologique, ce qui permet de placer ce modèle dans les psychobiologiques. Voici son interprétation :

Facteur P : Il proviendrait d'une asymétrie fonctionnelle des hémisphères cérébraux et du niveau de testostérone. Les psychotiques sont caractérisés par une prévalence de l'hémisphère gauche et un niveau élevé de testostérone.

Facteur E : Il serait dû à une différence d'excitabilité du cortex (formation réticulaire activatrice). Ainsi, les introvertis auraient une grande excitabilité corticale qui les mènerait à un retrait de l'environnement, tandis que les extravertis seraient, au contraire, caractérisés par une faible excitabilité corticale, ce qui les guiderait vers une approche de l'environnement et la recherche de stimulations.

Facteur N : Il proviendrait d'une activation différente du système limbique (support cérébral des émotions). Les névrosés subiraient une forte et longue activation du système limbique.

Remarquons en passant que le modèle d'Eysenck retrouve celui des quatre humeurs comme cas particulier :

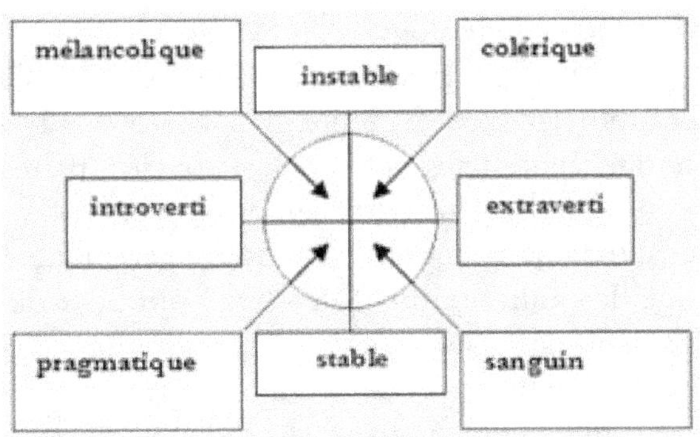

Eysenck a avancé trois arguments majeurs pour

justifier la pertinence biologique de son modèle en trois facteurs, ces arguments pouvant aussi servir pour indiquer la pertinence du modèle quant aux attentes générales vis-à-vis d'une théorie de la personnalité (universalité, stabilité, héritabilité) :

1. Stabilité interculturelle du modèle : celui-ci a été validé dans 34 pays (Nigeria, Japon, Etats-Unis, etc.). Une telle validation du modèle dans des cultures aussi variées serait peu probable si des facteurs biologiques ne rentraient pas en compte dans la construction de la personnalité. La validité du modèle ne tient donc pas à la culture mais à la nature (biologie)

2. Stabilité temporelle des facteurs : des études longitudinales montrent que les individus préservent leurs positions sur les trois facteurs au cours de leur vie. Bien que nos expériences et notre vécu varient énormément tout au long de notre vie, notre personnalité telle que décrite par ces trois dimensions change relativement peu. Selon Eysenck, la stabilité de la personnalité est due à sa base biologique.

3. Héritabilité des facteurs : Les études en génétique comportementale tendent à le prouver, notamment celles effectuées sur les paires de jumeaux. Les jumeaux monozygotes (MZ) ont exactement le même patrimoine génétique alors que des jumeaux dizygotes (DZ) ont 50% de leur patrimoine génétique en commun. Si la personnalité a une origine génétique, les personnalités de jumeaux MZ devraient être plus similaires que celles de jumeaux DZ. Les

recherches dans ce domaine montrent que c'est effectivement le cas.

Très séduisant, le modèle d'Eysenck est toutefois encore fort réductionniste. Vu sous l'angle somatique que nous avons envisagé, les facteurs prennent le rôle de traits de caractère et ces dispositions ne sont que innées. Les dispositions acquises, familiales, socio-culturelles, ne sont pas prises en compte. Il en est de même des valeurs qui guident les comportements individuels. Aucune aptitude, intellectuelle par exemple, n'est envisagée. La question structurale se pose aussi : comment ces facteurs interagissent-ils ? Comment les utiliser pour une prédiction comportementale dans une situation donnée ou comme explication d'un comportement passé ? Comment caractériser des personnages historiques et rendre compte de leurs œuvres ? Les facteurs considérés, comme l'extraversion, ne sont-ils pas réductibles à d'autres plus primitifs ?

Le modèle de Cloninger : approche neurochimique et prise en compte de dispositions acquises, donc approche biosociale

(On trouvera une excellente revue de ce modèle dans un article de Michel Hansenne « *Le modèle biosocial de la personnalité de Cloninger* » accessible à l'adresse suivante : http://www.persee.fr/doc/psy_0003-5033_2001_num_101_1_29720)

Alors que les modèles précédents ne tiennent compte que de facteurs biologiques, donc innés, et que, de facto, ils stipulent que la personnalité est entièrement déterminée par l'inné, le modèle de Robert Cloninger, à côté de quatre facteurs innés traduisant l'influence de quatre neurotransmetteurs et qu'il nomme « tempéraments » (notre terminologie les aurait mentionnés en tant que « caractères » puisqu'il s'agit d'expressions psychiques de caractéristiques physiques, tempéramentales), il introduit trois facteurs acquis, qu'il appelle « caractères ». De plus, il admet et théorise les interactions entre tous ces facteurs, ce qui l'autorise à parler d'une structure de la personnalité.

Les 4 tempéraments :

1. Recherche de la Nouveauté (RN) : recherche permanente d'activités nouvelles et évitement des activités répétitives et monotones. La RN serait liée au taux de dopamine (neurotransmetteur associé au plaisir) : ce taux est faible chez les sujets avec une RN élevée qui chercheraient à l'augmenter via des activités nouvelles. Des scores élevés de RN correspondent à des attitudes d'excitation et d'impulsivité tandis que des scores bas correspondent à des personnes calmes, tempérées.

2. Evitement du Danger (ED) : tendance à réagir intensivement aux stimuli aversifs et à éviter les situations négatives. L'ED est lié au taux de sérotonine (neurotransmetteur associé à l'humeur) : ce taux est élevé chez les sujets qui évitent le danger. Des scores élevés en ED indiquent une tendance à la crainte tandis que

des scores bas mettent en évidence un certain optimisme.

3. Dépendance à la Récompense (DR) : tendance à réagir intensivement aux renforçateurs (sociaux). La DR est liée au taux de noradrénaline (neurotransmetteur associé à l'anxiété) : ce taux est faible chez les sujets avec une DR élevée qui cherchent à l'augmenter via les relations sociales. Des scores élevés en DR pointent vers la sociabilité et la dépendance, lors que des scores bas indiquent de la froideur.

4. Persistance (P) : capacité à maintenir ses buts quelles que soient les difficultés rencontrées. Cloninger n'avance pas de correspondance génétique à ce facteur. Des scores élevés en P montrent une tendance au perfectionnisme ; des scores bas, une certaine instabilité.

Les 3 « caractères » :

1. Autodétermination : aptitude du sujet à contrôler, réguler, adapter ses comportements en accord avec buts et ses valeurs. Elle est fonction de la maturité individuelle

2. Coopération : aptitude à l'acceptation, la tolérance, l'amabilité, l'empathie. Elle est fonction de la maturité sociale.

3. Transcendance : aptitude à prendre en compte les questions existentielles. Elle est fonction de la maturité spirituelle.

Le modèle de Cloninger est l'un des plus aboutis et des plus performants quant aux attentes vis-à-vis de telles théories. On consultera l'article précité de Michel Hansenne pour de plus amples détails. On soulignera malgré tout ses lacunes dans les dispositions prises en compte. Il y manque notamment les aptitudes, intellectuelles par exemple, ainsi que la considération des valeurs individuelles et des sentiments. Par ailleurs, de nombreuses questions peuvent être soulevées : les « tempéraments » sont-ils primitifs ou peuvent-ils être déduits d'autres ? Comment utiliser ce modèle pour analyser des figures historiques ou des personnages de roman ? Comment rendre compte d'importantes évolutions de certains individus ?

Par exemple, quel modèle est-il capable d'expliquer la « conversion » de 1888 de Maurice Barrès : passer de l'exaltation de la personne, à l'idée de sa subordination totale à la collectivité, de l'affirmation hautaine du moi individuel à la soumission au moi national ? Exemple radical d'évolution !

La théorie de Jacques et Fanny Fradin : le cerveau triunique

Ces auteurs sont intéressés par les psychopathologies et par les problèmes scolaires et professionnels liés au stress et à la démotivation. Les titres de leurs ouvrages en témoignent, avec entre autres : *Personnalités et psychophysiopathologies, L'intelligence du stress, Manager selon les personnalités.* Ces titres indiquent aussi que leurs préoccupations rencontrent inévitablement celle d'une théorie de la personnalité, ce qui semble normal car, alors que les problèmes rencontrés lors de situations semblables sont communs, chacun y réagit de façon différente des autres.

Mais qui veut étudier le stress rencontre aussi inévitablement les travaux de Henri Laborit lesquels se basent sur la théorie du cerveau triunique de Paul D. Mac Lean qui, le premier, dans les années 50, a proposé cette vision hiérarchisée du cerveau issue de la théorie de l'évolution des espèces.

Trois principales structures constitueraient le cerveau humain.

Le cerveau reptilien, la plus vieille d'entre elles, est le centre des instincts primaires de la soif, de la faim, de la sexualité et de la survie face à l'agression.

Le cerveau limbique, ou cerveau intermédiaire, qui apparaît avec les premiers mammifères, est le cerveau de l'apprentissage automatique, c'est-à-dire des conditionnements.

Le néocortex, troisième niveau cérébral, est le siège de l'intelligence, de la logique et de l'intuition.

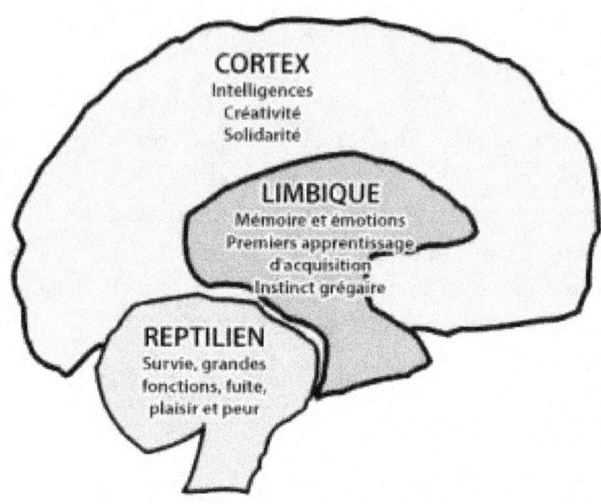

Ce modèle du cerveau triunique a permis à Henri Laborit, dans *La Nouvelle Grille*, de mieux cerner la place du stress dans les comportements pathologiques. Il a participé à la description des « états d'urgence de l'instinct » (fuite, lutte, inhibition), liés au cerveau reptilien. Ces états de stress se définissent en contraste avec l'état normal de détente, l'« état d'activation d'action ».

Bien que ce modèle semble aujourd'hui remis en cause, il reste un outil théorique permettant de modéliser l'architecture fonctionnelle du cerveau et l'organisation générale de ses principales aires en relative interdépendance.

Sur ces bases, les Fradin postulent qu'une personnalité, qu'ils considèrent comme notre véritable personnalité et qu'ils appellent « personnalité primaire », se construit dans le cerveau limbique dans les trois premiers mois de vie à partir de nos réactions de fuite, de lutte, d'inhibation ou de réussite de l'action et, ainsi, élaborent huit types de personnalité. Ensuite, dans le courant de la vie, au gré des diverses rencontres, se développerait une deuxième couche de personnalité recouvrant la première, la « personnalité secondaire » et la plupart des problèmes existentiels proviendraient, selon eux, de la superposition de ces deux couches. Par exemple, dans le problème de la motivation, ils postulent que c'est la personnalité primaire qui génère une motivation puissante, inaltérable et résistante aux difficultés rencontrées, tandis que la secondaire engendre une motivation plus fragile, plus friable, dépendante du résultat, qui tend à se rigidifier, voire à s'éteindre. D'où l'importance de connaître sa personnalité primaire et d'y conformer ses désirs et ses actions.

Essayons d'introduire ces huit types de personnalité en suivant leur construction supposée au cours des trois premiers mois après la naissance, mais en évitant les références techniques aux circuits de la récompense, de la punition et autres « système activateur et inhibiteur de l'action », ainsi qu'aux divers neurotransmetteurs qui entrent en jeu.

Au départ sont les réactions universelles évidentes de recherche de l'agréable, du plaisir, et d'évitement du désagréable, de la douleur.

La réaction aux stimulations douloureuses est universelle. Lorsqu'un bébé ressent une tension interne liée aux besoins de base ou à une stimulation externe, sa tonicité augmente et il s'agite, pleure, crie. Il est dans un tumulte émotionnel. Il est en mode de défense. On peut dire également qu'il est en état de stress avec une dilatation de la pupille, une augmentation de la fréquence cardiaque, une augmentation de la pression artérielle, une augmentation du diamètre des bronches.

Les réactions à la tendresse et à la consolation sont elles aussi universelles. Le parent vient au secours de l'enfant, lui parle, le porte, le nourrit, le berce, donne du sens à l'effervescence émotionnelle du bébé et l'enfant s'apaise. Il se détend et retrouve son équilibre émotionnel et tonique, avec un ralentissement de la fréquence cardiaque, une augmentation des sécrétions digestives et un relâchement de la plupart des sphincters.

C'est le parent qui va aider l'enfant à passer d'un état de tension à un état de détente, par les gestes, les mots, le portage, le soutien émotionnel.

Entre ces deux positions psychotoniques extrêmes, tension et détente, qui bordent le champ psychomoteur de l'enfant, existent des positions intermédiaires dont une position « neutre » émotionnellement, un temps d'éveil calme, très court dans les premiers jours et qui s'allonge progressivement pendant les premières semaines. C'est l'espace du temps intermédiaire riche d'imaginaire et de rêveries.

Ce que soutiennent Jacques et Fanny, c'est que pendant la période des trois premiers mois qui est une période d'empreinte décrite par Jean-Pierre Changeux comme une période de tri neuronal qu'il nomme le

« darwinisme neuronal », l'enfant « engramme » positivement les expériences sensori-toniques qui le conduisent à l'obtention d'un état de satisfaction et d'un état de calme. (le verbe « engrammer » est construit à partir du terme « engramme » introduit en 1904 par le psychologue Richard Semon à partir d'un mot grec signifiant « signe, écrit » et qui, en neurologie, désigne l'empreinte laissée dans le cerveau ou le système nerveux par quelque événement et susceptible d'être réactivé par une stimulation appropriée).

Si cet état de calme et de satisfaction des besoins par l'entourage est précédé de tensions corporelles, le bébé engramme l'ensemble de l'expérience « tensions et mouvements » comme des valeurs positives qui lui ont permis de réussir dans sa demande. Si l'état de satisfaction des besoins arrive après de longs pleurs et un état de soumission à la situation, c'est cet ensemble sensori-tonique sans tension qui sera positivé ou « idéalisé » selon le terme de Fradin.

Cette « engrammation », cette empreinte, laisse une trace dans le cerveau qui constitue la personnalité primaire. Cette personnalité primaire est un mouvement émotionnel, une motivation, une tendance vers, un mode réactionnel particulier et elle siège au cœur de notre personnalité. Elle reste toute notre vie comme une source de motivation, issue de notre résilience qui nous animera sans que nous en ayons conscience, et dans laquelle nous pourrons puiser selon nos besoins.

Rentrons dans les détails.

En général, l'être humain dispose de deux façons d'aborder une situation de stress : utiliser des schémas appris face à une situation ou imaginer des stratégies inédites.

Le bébé face aux douleurs du besoin et aux stimulations extérieures, n'a pas encore de schémas de réponses appris et il répond aux stimulations de manière réflexe par des réactions amenées par son cerveau archaïque reptilien et par son cerveau limbique émotionnel déjà matures : lutte, fuite, inhibition de l'action.

Le cerveau préfrontal du bébé n'étant pas suffisamment développé pour innover des adaptations aux situations, c'est le parent, en donnant du sens aux pleurs et aux tensions du bébé, qui joue le rôle du préfrontal en proposant à l'enfant de sortir de la tension en donnant du sens à ce qu'il vit, en le portant, en le berçant, en lui parlant.

Le parent inhibe les tensions du bébé, le sort de son système réflexe impulsif, le freine dans sa descente émotionnelle et sensorielle douloureuse. Il est le préfrontal de l'enfant en attendant une maturation efficace de cette partie du cerveau.

Après ces préliminaires, abordons les états tonico-émotionnels du bébé et les personnalités de base qu'ils engendrent. Il y a 4 états émotionnels de base : l'état d'activation de l'action, la fuite, la lutte et l'état d'inhibition de l'action.

L'état d'activation de l'action

L'état d'activation de l'action se constate lorsque le bébé est éveillé et détendu. Il est calme, dans la sérénité et dans la distanciation. C'est un état neutre émotionnellement, il n'y a pas de danger, il n'y a pas de préoccupation. On dit alors que « l'enfant sourit aux anges ».

Lorsque le bébé ressent un début de stress dû à la faim ou à un autre malaise et que le parent intervient immédiatement après ses premières manifestations d'appels, cet état n'est presque pas perturbé. On dit que l'action est réussie.

Cet état de calme presque permanent génère des personnalités primaires motivées par l'action quelques fois irréfléchie, la jouissance et l'optimisme, parfois irréaliste, que l'on pourrait appeler « épicuriennes ».

Lorsque l'enfant est contraint d'attendre un peu plus longtemps l'intervention parentale, il devient attentif, mais pas encore inquiet. L'action est dite empêchée.

Cet empêchement engendre une personnalité valorisant plus la réflexion et l'anticipation que l'action, un intellectualisme autonome, que l'on pourrait nommer « philosophe ».

A côté de cet état d'activation de l'action, existent trois états devant une situation de stress: la fuite, la lutte si la fuite n'est pas possible, et l'inhibition de l'action si la fuite et la lutte ne sont pas possibles.

La fuite comme la lutte et l'inhibition de l'action sont des systèmes de protection de l'organisme et la possibilité de retrouver un état de tranquillité.

La fuite

Lorsqu'un besoin se fait sentir ou lorsque le bébé ressent une douleur, tout l'organisme est mobilisé pour fuir cette stimulation douloureuse.

La première réaction du bébé est la fuite devant ce stress qu'il ne connait pas encore. Que lui arrive-t-il ? Il n'est pas à l'aise. Sa tonicité augmente ainsi que sa vigilance. Il est légèrement inquiet. Il se tend. Il fait des petits mouvements et émet des petits sons. Il remue, respire plus rapidement. Le parent arrive alors alerté par les bruits de l'enfant, il lui parle, le porte, le berce, le nourrit et le bébé inhibé dans ses tensions se détend. La fuite est dite réussie.

L'enfant engramme que la légère hausse tonique et les mouvements sont source de satisfactions. Il associe positivement légère tension des enveloppes, agitation et mouvements à satisfaction de besoins.

Sa personnalité primaire, une de ses motivations profondes, sera celle d'un sujet qui aime bouger, animer, communiquer, un « animateur ».

Si le parent n'arrive pas assez vite et si la stratégie de fuite liée aux petits bruits et mouvements et à la légère tension ne réussit pas tout de suite, la vigilance de l'enfant se transforme progressivement en peur. Ses mouvements se font plus rapides. Au niveau de la posture, l'enfant s'enroule davantage comme un hérisson et reste replié sur lui. Il ne peut pas fuir, il se cache. La peur est au cœur de l'enfant. La fuite est dite empêchée.

Lorsque le parent arrive et secoure l'enfant, ce dernier a associé repli sur soi à survie.

Ce repli est positivé car c'est l'état émotionnel du bébé enfin satisfait qui est « idéalisé » selon l'expression de Fradin.

La motivation profonde sera le repli dans son intérieur, dans sa maison, dans des jardins secrets. C'est une personnalité de base qui s'épanouit dans des lieux protégés, un « matérialiste » ou « gestionnaire ».

La lutte

Lorsque le parent ne vient pas assez rapidement, la fuite liée à l'inquiétude et à la peur n'est plus possible et l'enfant entre dans la lutte. Il est en colère, hurle, crie de longues minutes avec une énergie incroyable. Il est révolté. L'enfant inverse son mouvement de retrait vers lui et sa posture d'enroulement protectrice et il se tourne vers le dehors. Il se raidit. Il devient un attaquant. Il exige, il réclame. Il est « coléreux » disent les parents. « Il sait ce qu'il veut et il ne lâche pas l'affaire ».

Si le parent arrive alors et donne satisfaction à ses besoins, l'enfant parvenu à la détente associe positivement expression dure, hypertonicité, sensations dures à obtention de la satisfaction. La lutte est réussie.

L'engrammation de la situation de détente associée aux tensions primitives installe une personnalité primaire d'un sujet qui aimera volontiers diriger, organiser, décider, éduquer, un « stratège ».

Mais si le parent tarde à venir, le bébé entre dans un état de rage qui fait suite à la colère. Il s'étouffe, se trouve en apnée. Il lutte en se projetant vers la périphérie. Il souffre. Il se vit abandonné et seul au monde.

Dans sa posture, le bébé perd son enroulement de base et peut inverser la posture en arc de cercle. L'enfant est tendu sur sa périphérie.

Lorsque le parent arrive enfin, le bébé a survécu au séisme émotionnel et corporel. Il a frôlé la « mort » émotionnelle et peut-être psychique. Il est revenu dans le monde des vivants. C'est le héros de son histoire, un survivant. Il associe positivement durcissement, tétanisation, difficultés, à la satisfaction de ses besoins.

Sa personnalité primaire se construit sur un esprit d'indépendance farouche et elle sera celle d'un compétiteur, d'un travailleur, ambitieux qui aime les défis et les sensations fortes. Retenons le qualificatif de « compétiteur ».

L'inhibition de l'action

Lorsque la lutte et la fuite s'avèrent impossibles,

l'enfant atteint un état d'inhibition de l'action. Il peut aller de l'abattement jusqu'à la léthargie.

Contrairement à la réaction de fuite et de lutte, l'inhibition de l'action est une réponse conditionnée, c'est à dire supposant un apprentissage.

On le voit bien lorsque les parents laissent pleurer leur bébé pendant plusieurs nuits pour lui apprendre à ne pas confondre le jour et la nuit. Le bébé mémorise que la fuite et la lutte sont impossibles et il inhibe son action.

Alors les parents disent : « Il a pleuré deux nuits de suite et la troisième, il a compris qu'on ne viendrait pas ».

La rage épuisante laisse place aux sanglots. Puis l'enfant cesse de pleurer. Les émotions primaires sont la tristesse et la morosité. Il abandonne la lutte. Et lorsque le parent arrive vers l'enfant, celui-ci est calme, un peu inerte, un peu absent. Pour survivre, le bébé engramme positivement douceur et présence du parent avec obtention du résultat. L'inhibition est dite réussie.

Il est dans une « identification massive » à l'autre : celui qui l'a fait souffrir est celui qui lui apporte satisfaction. Il « idéalise » la présence d'autrui.

Par résilience précoce, par « idéalisation motivante », le bébé installe une personnalité primaire affective, sentimentale, participative, partageuse, aimant l'esprit d'équipe. Appelons-le un « participatif ».

De nombreux soignants ont une personnalité primaire de ce type.

Lorsque l'inhibition de l'action est empêchée dans le sens où non seulement le parent ne vient pas porter secours à l'enfant, mais de plus, ne prête aucun intérêt à la vie affective de l'enfant par méconnaissance, par pathologie, ou par système éducatif, l'enfant n'espère plus rien.

Les émotions primaires sont la dépression et le désespoir. Le bébé a abandonné sa tonicité et il a perdu tout intérêt pour lui-même. Il ne s'appartient plus. Il ne désire plus rien. On parle d'inhibition empêchée.

Et, en positivant cet abandon et cette absence de tension, il développe une personnalité primaire altruiste, entièrement tournée vers autrui, s'oubliant soi-même pour les autres. Nommons-le « solidaire ».

En conclusion, la positivation primaire des réactions est un système de défense inné et précoce qui s'installe pendant le premier trimestre de la vie. L'engrammation primaire constitue un fond tonique, une toile de fond motivationnelle qui oriente le sujet émotionnellement. Ce mouvement précoce n'a pas encore subi le filtre et les contraintes de l'éducation.

Nous avons tous eu à vivre des positions d'activation de l'action, de fuite, de lutte et d'inhibition de l'action et ce sont nos premières réponses qui ont une meilleure probabilité de se reproduire.

Nous avons donc une ou deux positions tonico-émotionnelles privilégiées en fonction de notre vécu précoce qui définissent notre personnalité de base.

La positivation des sensations et des émotions liées aux tensions vécues précocement reste toute notre vie comme un fond tonique, comme une sensation existentielle motivante qui nous pousse vers l'action.

Selon Fradin, nous pouvons retrouver certains aspects de nos personnalités primaires lorsque nous constatons ce que nous aimons et faisons spontanément, sans effort et avec plaisir : ranger, organiser, encourager, aider autrui, soigner, comprendre, apprendre, théoriser, explorer, …

Nous pouvons aussi affirmer, toujours selon Fradin, que la motivation ne se crée pas mais qu'elle préexiste.

L'approche des Fradin est originale, séduisante et paraît justifiée par certaines avancées neuroscientifiques, mais, à nouveau, elle présente de trop nombreuses lacunes pour prétendre être une théorie satisfaisante de la personnalité. D'abord, elle repose uniquement sur un raisonnement épigénétique puisque les personnalités primaires se construisent uniquement par les modes de réactions des organismes aux interventions extérieures (parentales) en réponse aux situations de stress vécues par le nouveau-né. Quelle est alors l'influence génétique ? Il en découle aussi un présupposé voilé qui est que la véritable détermination des comportements réside dans le tempérament (selon notre terminologie), tempérament réduit à une certaine conception épigénétique, et que les influences extérieures, familiales et socio-culturelles, ne peuvent être que délétères en dévoyant les véritables motivations de l'individu induites par sa personnalité primaire. Si l'on considère la personnalité globale comme constituée des personnalités primaire et secondaire, comment celles-ci interagissent-elles au sein de cette structure composée ? Sans cette connaissance, à part des constats de malaise et de démotivation, comment expliquer un comportement et comment le prédire ? Par ailleurs, il n'est nullement tenu compte des aptitudes individuelles, intellectuelles notamment, ni des valeurs adoptées par la personne et qui, elles aussi, la motivent incontestablement. Nous n'en prendrons comme preuve que les valeurs religieuses qui peuvent motiver essentiellement vers des actes d'altruisme ou, au contraire, vers la haine la plus féroce. Cette motivation très puissante n'est pas réductible au tempérament, elle est imprimée par l'éducation familiale et socioculturelle.

Nous pouvons enfin aborder le dernier type d'approche dans cette section, celle par le pendant psychique du tempérament, le caractère …

L'approche par la caractérologie

« *L'expérience nous apprend que, dans des conditions pareilles, deux individus ne réagissent pas identiquement. Ainsi, le même événement qui jettera dans un accablement révolté l'individu A n'affectera pas outre mesure l'individu B ; et les mêmes causes qui amènent la ruine intellectuelle et morale d'une personne déterminée peuvent en préparer une autre à une vie noble et belle. Ce sont des faits devenus tellement banals à force d'être répétés que c'est à peine si l'on se pénètre de leur vraie portée. Essayons de résister. Tâchons d'en approfondir le sens véritable comme s'il s'agissait d'une vérité nouvelle.* » (George Heymans).

Nous nous limiterons à expliciter la théorie initiée par George Heymans et Enno Dirk Wiersma, tous deux professeurs à Groningue aux Pays-Bas, systématisée par René Le senne et prolongée par Gaston Berger.

Heymans a d'abord effectué une enquête biographique qui a consisté à relever dans des biographies les traits renseignant sur le caractère de cent dix personnes, de diverses nationalités et professions, et des deux sexes, soit des personnages historiques, soit des criminels. Ensuite, en collaboration avec Wiersma, il a effectué une enquête statistique en envoyant à trois mille médecins hollandais et allemands un questionnaire. Les destinataires de l'enquête étaient priés d'observer une famille, parents et enfants, et de répondre à leur sujet par oui ou par non aux différentes questions du questionnaire. Il s'agissait de reconnaître comment les dispositions des parents se répartissaient entre les enfants ; mais Heymans a utilisé ces réponses pour la psychologie différentielle des hommes et des femmes et la classification des caractères. Les enquêteurs reçurent de leurs destinataires 2523 fiches individuelles.

L'enquête biographique fit comprendre comment le

jeu combiné de trois dispositions fondamentales (leurs « lois de composition »), l'émotivité (E), l'activité (A) et le retentissement (R), permet d'expliquer un grand nombre de dispositions différentes. L'analyse des résultats de l'enquête permit une validation statistique de cette thèse. Par après d'autres études statistiques utilisant l'analyse factorielle confirmèrent ces résultats.

Un individu est dit émotif (E) lorsqu'il est troublé quand la plupart des autres ne le sont pas ou qui, dans des circonstances données, est plus violemment ému que la moyenne.

Le non-émotif (nE), est au contraire, celui qui est difficile à émouvoir et dont les émotions sont peu violentes.

L'activité (A) est la disposition de celui qui agit facilement, l'impulsion semblant venir de lui, les choses n'étant que des occasions.

L'inactif (nA), au contraire, agit contre son gré, avec peine, en grommelant ou en se plaignant.

Pour définir le retentissement (R), remarquons que toutes les affections que nous subissons, pendant qu'elles sont effectivement présentes, exercent sur nous une action. Mais lorsqu'elles ont disparu du champ de notre conscience claire, elles continuent à exercer cette action, à « retentir » en nous. Les individus sur lesquels cette influence se prolonge longtemps sont notés (R), les autres (nR).

Ces trois dispositions fondamentales peuvent se comparer aux atomes en chimie, intéressants par eux-mêmes, ils le sont surtout par les combinaisons auxquelles ils donnent naissance, les molécules. Dans le cas des dispositions fondamentales, celles-ci forment une structure et ces combinaisons sont leurs lois de composition. Ces lois leur permettent d'engendrer de nombreuses autres dispositions : « *On établit la réalité empirique par la description statistique ou biographique ; mais on doit le comprendre par construction, comme on comprend la formation d'une sphère par la rotation d'une demi-circonférence autour de son diamètre* » (René Le Senne).

Ces lois de composition sont cruciales puisqu'elles permettent de ramener nombre de dispositions à trois d'entre elles, mais dans le souci d'exposition abrégée des théories classiques que nous entreprenons ici, il est préférable de postposer leur exposition détaillée.

Cependant, en guise d'illustration motivante, nous pouvons montrer maintenant un exemple de déduction d'un couple célèbre de dispositions opposées), l'extraversion et l'intraversion, introduites par Carl Jung en 1920 et reprises par Myers et Briggs comme l'un des éléments de base de leur non moins célèbre test de personnalité, le MBTI (Myers Briggs Type Indicator).

L'introversion est définie par Jung comme la condition dans laquelle le sujet a un plus haut niveau de valeur que l'objet ; l'extraversion, au contraire, comme la condition opposée dans laquelle c'est l'objet qui a une plus haute valeur que le sujet. Nous n'entendrons donc par ces mots que les deux sens de l'orientation dont les intérêts humains sont susceptibles suivant qu'ils se portent vers les choses ou vers l'intimité du sujet.

L'introverti (I) tourne le dos à la nature, à la perception, à l'extérieur, il est replié vers lui-même, ne s'intéresse qu'à ce qui se passe dans son intimité.

Au contraire l'extraverti (E) se « répand au dehors », il oublie sa propre sensibilité dans le spectacle des choses dans lequel il s'aliène.

Une fois délimitée de cette manière, l'opposition de l'introversion et de l'extraversion se laisse déduire facilement et exactement au moyen des dispositions fondamentales que sont E, A et R.

- L'introversion s'explique parfaitement par la combinaison de E, nA et R puisque l'inactivité provoque le rebroussement de l'émotivité en conscience de soi et que de son côté le retentissement favorise la réflexion sur les émotions passées.
- Puisqu'elle est l'opposée de l'introversion, ce doit être au caractère opposé, à la combinaison des dispositions de base opposées aux précédentes, soit nE, A, nR. Cette combinaison génère un esprit pratique, avec un intérêt pour la science expérimentale, une attention à tout ce qui se passe autour de l'individu concerné, soit une extraversion.

Les caractérologues sont donc inéluctablement

amenés à classer les différents caractères selon une typologie basée sur la composition des trois dispositions basiques. Cela donne ainsi huit types de caractères, avec une terminologie reprise en partie de celle d'Hippocrate qu'elle retrouve, et que nous illustrons de quelques exemples de personnages historiques :

E ⦿ nE   A ⦿ nA   R ⦿ nR

E-A-R : les « passionnés », dont Michel-Ange, Spinoza, Pascal, Racine, Corneille, Napoléon, Flaubert, Pasteur.

E ⦿ nE   A ⦿ nA   R ⦿ nR

E-A-nR : les « colériques », dont Victor Hugo, Mirabeau, George Sand, Gambetta, Péguy.

E ⦿ nE   A ⦿ nA   R ⦿ nR

E-nA-R : les « sentimentaux », dont Vigny, Amiel, Maine de Biran, Rousseau, Robespierre, Kierkegaard.

E ⦿ nE   A ⦿ nA   R ⦿ nR

E-nA-nR : les « nerveux », dont Baudelaire, Musset, Poe, Verlaine, Heine, Chopin, Stendhal.

E ⦿ nE   A ⦿ nA   R ⦿ nR

nE-A-R : les « flegmatiques », dont Kant, Washington, Joffre, Franklin, Turgot, Bergson.

E ⦿ nE   A ⦿ nA   R ⦿ nR

nE-A-nR : les « sanguins », dont Montesquieu, Talleyrand, Mazarin, Anatole France.

E ⬤ nE   A ⬤ nA   R ⬤ nR

nE-nA-R : les « apathiques », dont Louis XVI.

E ⬤ nE   A ⬤ nA   R ⬤ nR

nE-nA-nR : les « amorphes », dont Lafontaine.

La typologie des quatre humeurs d'Hippocrate – Galien se retrouve grâce aux combinaisons partielles suivantes, combinaisons limitées à celles entre l'émotivité et le retentissement :

nE-nR = sanguins (de la théorie des quatre humeurs)
nE-R = flegmatiques
E-nR = colériques
E-R = mélancoliques

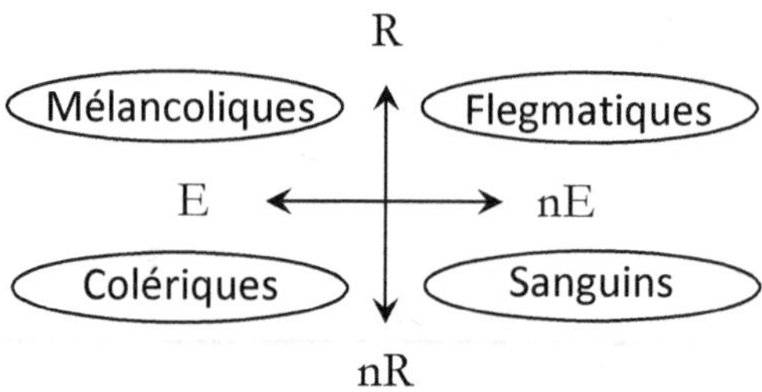

Le caractère ayant été défini comme le pendant psychique du tempérament, il est tentant d'essayer d'établir un lien entre ces deux aspects, et donc de voir quels sont les éventuels correspondants biologiques possibles des dispositions E, A et R, et de là, leurs compositions qui caractérisent somatiquement les huit caractères de base.

Une approche possible serait celle des

neurotransmetteurs.

Un neurotransmetteur est une substance chimique (appelée également neuromédiateur), fabriquée par l'organisme, et permettant aux cellules nerveuses (neurones) de transmettre l'influx nerveux (message), entre elles ou entre un neurone et une autre variété de cellules de l'organisme (muscles, glandes).

En effet, c'est grâce aux neurotransmetteurs que nous pouvons éprouver des émotions, agir et mémoriser, trois nécessités existentielles qui semblent bien correspondre aux trois dispositions fondamentales d'émotivité, activité et retentissement. On peut donc penser que des dosages génétiques particuliers de chaque neurotransmetteur correspondraient à chaque type de caractère.

Pour établir une telle correspondance rigoureuse, il faudrait une étude approfondie et précise que nous n'avons pas effectuée. Nous nous contentons de lancer cette piste d'investigation possible.

Pour cela, passons en revue les six neurotransmetteurs fondamentaux par le biais de leurs fonctions principales.

- *l'acétylcholine* commande la capacité à retenir une information, la stocker et la retrouver au moment nécessaire. Lorsque le système qui utilise l'acétylcholine est perturbé apparaissent des troubles de la mémoire, voire dans les cas extrêmes des formes de démence sénile. Il pourrait être relié au retentissement des impressions subies.

- la *dopamine* crée un terrain favorable à la recherche de plaisir ou d'émotions, à l'état d'alerte, au désir sexuel. A l'inverse, lorsque la synthèse ou la libération de dopamine est perturbée, on peut voir apparaître démotivation, voire dépression. Son taux pourrait être relié à la fois à l'émotivité et à la facilité de passage à l'action, soit à l'activité de l'individu, au sens défini plus haut.

- la *noradrénaline* semble créer un terrain favorable à l'éveil, l'apprentissage, la sociabilité, la sensibilité aux signaux émotionnels, le désir sexuel. À l'inverse, lorsque la synthèse ou la libération de noradrénaline est perturbée, peuvent apparaître repli sur soi, détachement, démotivation, dépression, baisse de la libido. Son taux apparaît aussi lié à l'activité individuelle.

- la *sérotonine*, elle, semble créer un terrain favorable aux comportements prudents, réfléchis, calmes, voire inhibés. À l'inverse, des taux de sérotonine bas apparaissent associés à l'extroversion, l'impulsivité, l'irritabilité, l'agressivité, voire dans les cas extrêmes aux tendances suicidaires.

- le *GABA (acide gamma-aminobutyrique)* favorise la relaxation et le calme, alors que des niveaux bas de ce neurotransmetteur entraînent des difficultés d'endormissement et de l'anxiété.

- enfin, l'*adrénaline* est le neurotransmetteur qui nous permet de réagir dans une situation de stress. Des taux élevés d'adrénaline conduisent à la fatigue, au manque d'attention, à l'insomnie, à l'anxiété et dans certains cas à la dépression.

Ainsi un caractère « sentimental » tranché (E-nA-R)

pourrait correspondre à un taux élevé de dopamine (intensité émotionnelle) combiné à un taux bas de noradrénaline (repli sur soi), un taux élevé de sérotonine (introversion), un taux bas de GABA (anxiété), un taux élevé d'adrénaline (anxiété, fatigue, inaction) et, enfin, un taux élevé d'acétylcholine (mémorisation persistante).

Quoiqu'il en soit, cette typologie insiste sur des composantes communes à certains individus et nécessite l'intervention d'autres dispositions afin de le distinguer au sein d'une même catégorie. Par exemple, dans les « sentimentaux », on croise le conciliant Maine de Biran avec l'acariâtre Kierkegaard et le doux Amiel y côtoie l'impitoyable Robespierre.

C'est pour raffiner cette typologie caractérielle que Gaston Berger introduisit des distinctions supplémentaires avec deux facteurs complémentaires (la largeur du champ de conscience et la polarité), ainsi que quatre facteurs de tendance (l'avidité, les intérêts sensoriels, la tendresse et. la passion intellectuelle) :

- La largeur de champ de conscience est la précision sur les détails (champ de conscience étroit) ou au contraire le besoin d'appréhender un domaine de façon plus vaste quitte à en avoir une vision moins exacte, mais plus générale (champ de conscience large). Descartes est un représentant de la première catégorie, Pascal de la seconde.

- La polarité Mars/Vénus : La première est liée à une attitude de conquête au sens de l'agression, la seconde une attitude de conquête au sens de la séduction. Pascal et Nietzsche sont des Mars, Henri Bergson est un Vénus.

- L'avidité : « *Dans son principe, ce que nous appelons avidité est la faim, le besoin de faire entrer en soi le monde extérieur et de le transformer en sa propre substance.* » Pascal est un avide, tout comme Napoléon et Goethe ; Rousseau et Amiel ne le sont pas. Un avare est un avide craintif.

- Les intérêts sensoriels : « *La sensation, quand elle est vraiment maîtresse et qu'elle envahit tout, est un ravissement. Elle est sortie de soi, « ec-stas ». Elle nous offre un monde qui se suffit. L'un de ceux qui en ont le mieux célébré les attraits, André Gide, excelle à saisir à l'état pur le jeu des couleurs, des formes, des mouvements... *» Pascal est peu enclin aux intérêts sensoriels.

- La tendresse : « *Comme l'amour, l'amitié, telle que la conçoivent les âmes tendres, n'est ni un échange de services, ni la simple occasion d'un divertissement intellectuel, mais l'union de deux âmes, le don de soi à l'autre, l'émotion commune de deux sensibilités.* » Amiel est un tendre, Robespierre ne l'est pas du tout.

- La passion intellectuelle : « *Comme étrangère à la vie, éloignée des pulsions biologiques fondamentales, elle est le désir de savoir et surtout de comprendre, en dehors de toute utilité pratique et de tout souci d'application.* » Spinoza et Pascal possèdent cette tendance au plus point, ce qui n'est pas le cas de Montaigne.

Ainsi systématisée et complétée, la caractérologie

apparaît comme une théorie très aboutie qui s'applique fort bien aux études de cas. La thèse que Lucien Jerphagnon consacra à Pascal en est un exemple, comme celle de Guy Colpron consacrée à l'analyse des personnages des romans de Colette (*Colette esthétique et caractérologie*). Elle permet aussi des prédictions comportementales, en particulier au sein des couples. Elle est la seule à proposer une structuration détaillée de l'ensemble des dispositions qu'elle envisage, tant au niveau de celles de base qu'augmentées des facteurs complémentaires et de tendances, structuration qui autorise la décomposition de nombreuses dispositions en fonction de celles qui sont les briques de sa structure. Elle insiste sur la constance des caractères.

Par contre, elle ne tient pas compte des dispositions acquises, sauf dans l'étude des individus particuliers où elle s'appuie sur l'histoire de ceux-ci (idiologie d'Alfred de Vigny par Le Senne ; de Pascal par Jerphagnon). Elle ignore également les aptitudes, intellectuelles entre autres. Ancrée dans la constance caractérielle, comment pourrait-elle rendre compte des évolutions de la personnalité ? Enfin, elle résulte de constats et d'extrapolations à partir d'expériences et ne repose sur aucun fondement anthropologique ou philosophique.

2. *Dispositions affectivo-somatiques*

La théorie freudienne : pulsions et seconde topique

Nous renvoyons à l'exposé proposé en guise d'introduction à notre classification.

3. *Dispositions socio-affectives*

La théorie d'Alfred Adler

« *Le caractère d'un individu n'est jamais pour nous le motif d'un jugement moral, c'est une connaissance sociale, constatant comment cet individu agit sur le milieu qui l'entoure et quelle est sa solidarité avec ce milieu.* » (Alfred Adler)

Adler fut d'abord un disciple de Freud. Il s'en éloigna en déplaçant le principe explicatif des comportements de la libido des pulsions sexuelles à la compensation des sentiments d'infériorité, point de vue qui est le pivot de sa conception psychologique : « *Le sentiment d'infériorité gouverne la vie mentale ; on peut clairement le reconnaître dans le sens de l'imperfection et de l'incomplétude, et dans la lutte ininterrompue à la fois des individus et de l'humanité.* »

Lionel Nadaud a résumé la formation de la personnalité selon Adler dans le schéma synoptique suivant, où l'on voit effectivement l'importance du complexe d'infériorité.

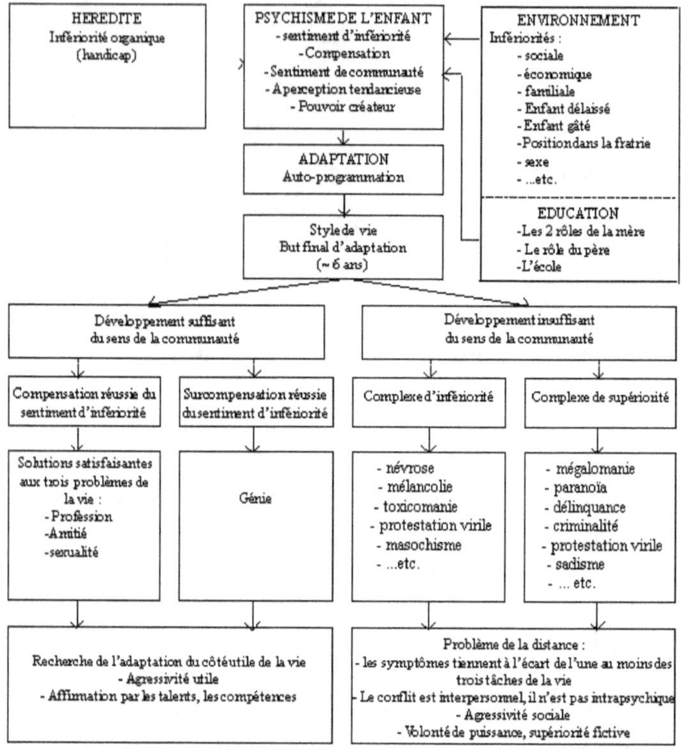

On voit poindre deux composantes dans ce schéma, la sociabilité et l'affirmation de soi, en compensation du sentiment d'infériorité à l'égard des autres, soit par l'agressivité, soit par une activité plus respectueuse d'autrui (talents, compétences).

On ne s'étonnera pas qu'Adler ait ainsi classé les individus en quatre types de personnalités :

- sociaux et actifs (non agressifs)
- sociaux et non actifs
- non sociaux et actifs (agressifs)

- non sociaux et non actifs

Une telle théorie s'éloigne assez fort de notre définition générale et de nos attentes : quelle est la structure, quelles en sont les lois de composition ? ; Ignorance de nombreuses dispositions ; Y a-t-il une constance ? Quels sont les dispositions innées ? Acquises ? Comment utiliser cette typologie pour des études historiques, littéraires, pour des prédictions comportementales ? …

La théorie de Carl Gustav Jung

Cette théorie prend en compte une disposition cognitive.

Jung fut également un disciple dissident de Freud, sa dissidence ayant aussi démarré par la négation du caractère essentiel de la sexualité dans le développement de la personnalité.

Il est à l'origine de la popularité jamais démentie du couple de concepts opposés :

- Extraversion (e) : tendance aux activités extérieures, aux expériences.
- Introversion (i) : tendance aux idées, aux souvenirs et aux émotions

Concept dont nous avons déjà parlé. Cette opposition se concrétise surtout dans l'attitude vis-à-vis de la sociabilité. C'est pourquoi nous y avons puisé sa composante de disposition sociale.

Ensuite, Jung considère la façon dont l'individu reçoit les informations provenant de l'extérieur et les juge par après :

- le recueil de l'information (fonction irrationnelle de Perception, P) peut se faire de deux manières opposée, l'intuition (N, pour iNtuition) et la sensation (S) ;
- son jugement (fonction rationnelle de Jugement, J) peut aussi procéder de deux manières opposées, la pensée (T, pour *Thinking*) et le

sentiment (F, pour *Feeling*).

Pour les définitions de ces processus mentaux, lisons Jung lui-même : « *La sensation (c'est-à-dire, le sentiment de perception) vous dit que quelque chose existe ; la réflexion vous dit ce que c'est ; le sentiment vous dit si c'est agréable ou pas ; et l'intuition vous dit d'où il vient et où il va.*»

On le voit, l'affectif se mêle au cognitif.

Enfin, Jung combine ces deux types de dispositions pour aboutir à une catégorisation des personnalités en huit types, suivant la dominance, « sociale » (e ou i), Perceptive (N ou S) et de Jugement (T ou F) :

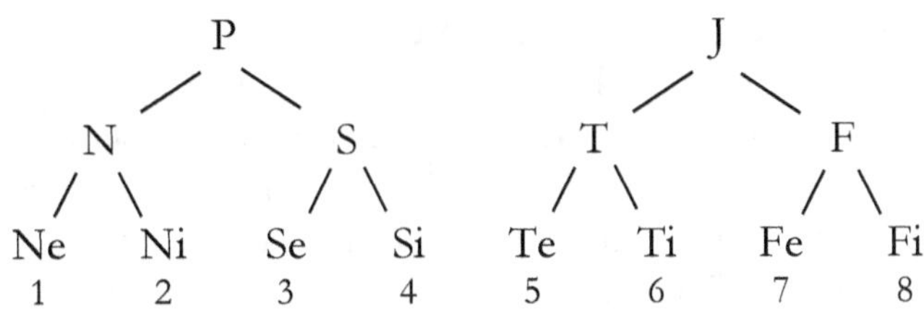

Explication des 8 types de fonctions cognitives :

1. Ne – iNtuition Extravertie
   Conscience de la signification profonde de l'environnement.
   Découvre constamment de nouvelles possibilités dans le monde externe. Se fie aux flashs de sa conscience, qui peuvent être partagés avec les autres. il interprète les situations et les relations ; relève les significations et les interconnexions ; traduit « ce qui est » par « ce qui pourrait être » ; remarque les non-dits et donne un sens à ce qui

émerge à travers des contextes variés.

2. Ni – Intuition Introvertie
    Conscience des lignes de forces de son monde intérieur.
    Découvre constamment de nouvelles possibilités dans son monde intérieur. Se fie aux flashs de son inconscient, qui sont difficiles à expliquer aux autres. Il prévoit les implications et probablement les effets sans données externes ; réalise « ce qui sera » ; conçoit de nouvelles façons de voir les choses ; entrevoit les transformations ; obtient une image de sens profond ou de symboles extensifs.

3. Se – Sensation Extravertie
    Conscience de l'environnement sensuel.
    Aime voir, entendre, goûter, toucher et sentir le monde autour de lui. Il agit sur des données concrètes, là et maintenant. Se fie au présent et laisse aller les choses. Il sent le contexte immédiat ; détecte les changements et les opportunités pour l'action ; est amené à agir sur le monde physique; accumule des expériences ; recherche rapidement les réactions visibles et les données pertinentes ; reconnaît « ce qui est ».

4. Si – Sensation Introvertie
    Conscience de son monde intérieur.
    Est captivé par les vibrations que le monde extérieur déclenche en eux. Compare les faits et les expériences à ceux passés. Se fie au passé. Il conserve des données sensorielles pour l'utilisation future. Reconsidère les expériences

passées ; « ce qui est » évoque « ce qui était » ; recherche des renseignements détaillés et les liens avec ce qui est connu ; se souvient des impressions conservées ; accumule des données.

5. Te – Pensée Extravertie
Conscience de la nature de la situation.
A toujours un plan à réaliser. Cherche la logique et la cohérence du monde extérieur. Se soucie des lois et des règles. Il ordonne ; organise pour l'efficacité ; systématise ; applique la logique ; structure ; vérifie les conséquences ; contrôle que les normes ou les spécifications ont été suivies ; définit des limites, des directives et des paramètres ; décide si quelque chose marche ou non.

6. Ti – Pensée Introvertie
Conscience de la justesse et de la cohérence de son intuition.
Crée des mondes intérieurs d'idées. Cherche la logique et la cohérence des idées. Se fie à son cadre intérieur, qui peut être difficile à expliquer aux autres. Il analyse ; classe par catégories ; évalue selon les principes et vérifie si quelque chose correspond au cadre ou au modèle ; trouve les principes sur lesquels quelque chose repose ; contrôle les incohérences ; clarifie les définitions pour recevoir plus de précision.

7. Fe – Sentiment Extraverti
Conscience du caractère bon ou mauvais de la situation.
Cherche l'harmonie avec et entre les personnes

du monde extérieur. Les valeurs relationnelles et culturelles sont importantes. Il communique ; tient compte des autres et organise les groupes pour satisfaire leurs besoins et respecter leurs valeurs et leurs sentiments ; maintient l'organisation ou les valeurs de groupe ; règle et satisfait les autres ; définit si quelque chose est approprié ou acceptable pour les autres.

8. Fi – Sentiment Introverti
Conscience de son adhésion à ce qu'il ressent. Cherche l'harmonie de ses actions et pensées avec ses valeurs personnelles. Il peut avoir du mal à expliquer ses valeurs. Il évalue ; considère l'importance et la valeur ; évalue quelque chose à partir des vérités sur lesquelles il est fondé ; clarifie les valeurs pour obtenir l'adhésion ; décide si quelque chose a du sens et s'il mérite d'être défendu.

La théorie typologique de Jung a connu une prodigieuse postérité, de nombreux chercheurs s'en sont inspiré pour en proposer des extensions :

- Isabel Briggs Myers et sa mère Katherine Cook Briggs, avec le MBTI (Myers Briggs Type Indicator),
- Aushra Augustinavichute, avec la « socionique », sorte de pendant soviétique du MBTI,
- David Keirsey qui a, quant à lui, regroupé les 8 fonctions psychologiques et identifié 4 grands tempéraments dans la société américaine (les *gardiens* (types en xSxJ - ISTJ, ISFJ, ESTJ, ESFJ) : 42 à 45 % de la population ; les *artisans* (types en xSxP - ISTP, ESTP, ISFP, ESFP) : 25 à 27 % de

la population ; les *idéalistes* (types en xNFx - INFP, ENFP, INFJ, ENFJ) : 15 à 17 % de la population et les *rationnels* (types en xNTx - INTP, ENTP, INTJ, ENTJ) : 13 à 15 % de la population),

- et Singer et Loomis qui ont développé un test différent du MBTI.

Nous ne considérerons ici que la théorie MBTI.

La théorie de Myers-Briggs

Cette théorie est une extension de la théorie jungienne.

Myers et Briggs reprennent les trois dispositions adoptées par Jung, orientation « sociale » (E ou I, nous changeons ici la notation de minuscules en majuscules afin de respecter celle des auteurs) ; recueil de l'information ou perception (N ou S) ; jugement (T ou F) et y ajoutent la préférence entre la perception (P) et le Jugement (J), soit le mode d'action préféré de l'individu, ce qui engendre une typologie comportant seize catégories.

De fait, la classification de Jung présente une étrange lacune : alors qu'en suivant sa définition des processus mentaux on s'attendrait à trouver pour chaque type une façon de recueillir l'information ainsi qu'une façon de juger, les types de l'arbre de gauche sont dépourvus de celle-ci, tandis que ceux de l'arbre de droite sont dépourvus de celle-là.

Myers et Briggs ont dès lors conceptualisé les différentes possibilités.

Orientation sociale :	E		I
Recueil d'information :	N		S
Prise de décision :	T		F
Mode d'action :	P		J

Il y a donc ($2^4=$) 16 possibilités : ENTP ; INTP ; ENTJ ; INTJ ; ENFP ; INFP ; ENFJ ; INFJ ; ESFJ ; ISFJ ; ESTJ ; ISTJ ; ESFP ; ISFP ; ESTP ; ISTP.

Le MBTI est surtout utilisé dans un cadre d'orientation professionnelle, ce qui fait que les dénominations qu'il utilise en relèvent :

Rôles Stratégiques				Qualité
NT	Construit	**ENTP**	Invente	Inventif
Rationnels		**INTP**	Conçoit	Logique
Travaille avec	Organise	**ENTJ**	Mobilise	Commandement
les systèmes		**INTJ**	Implique	Indépendant
Rôles Diplomatiques				
NF	Arbitre	**ENFP**	Motive	Optimiste
Idéalistes		**INFP**	Concilie	Non directif
Travaille avec	Développe	**ENFJ**	Éduque	Persuasif
les personnes		**INFJ**	Guide	Empathique
Rôles Logistiques				
SJ	Soutient	**ESFJ**	Pourvoie	Conciliateur
Gardiens		**ISFJ**	Protége	Fidèle
Travaille avec	Réglemente	**ESTJ**	Applique	Demandeur
le matériel		**ISTJ**	Certifie	Puissant / Silencieux
Rôles Tactiques				
SP	Improvise	**ESFP**	Démontre	Généreux
Artisans		**ISFP**	Synthétise	Artistique
Travaille avec	Facilite	**ESTP**	Persuade	Imprévisible
l'outillage		**ISTP**	Instrumente	Manuel

Tempéraments			Keirsey			
NT	Ingénieurs	**ENTP**	L'Inventeur	Innovateur	Le Visionnaire	Le Chercheur
Rationnels		**INTP**	L'Architecte	Concepteur	Le Penseur	Le Critique
Recherchent du	Coordinateurs	**ENTJ**	Le Maréchal	Meneur	Le Directeur	L'Entrepreneur
savoir		**INTJ**	L'Organisateur	Perfectionniste	Le Scientifique	L'Analyste
NF	Avocats	**ENFP**	Le Champion	Communicateur	Le Charismatique	Le Psychologue
Idéalistes		**INFP**	Le Guérisseur	Zélateur	L'Idéaliste	Le Lyriste
Recherchent de	Mentors	**ENFJ**	Le Professeur	Animateur	Le Donateur	Le Mentor
l'identité		**INFJ**	Le Conseiller	Visionnaire	Le Protecteur	L'Humaniste
SJ	Conservateurs	**ESFJ**	Le Fournisseur	Nourricier	L'Aide à domicile	Le Bon vivant
Gardiens		**ISFJ**	Le Défenseur	Protecteur	L'Infirmier	Le Conservateur
Recherchent de la	Gestionnaires	**ESTJ**	Le Manager	Organisateur	Le Gardien	Le Directeur
sécurité		**ISTJ**	L'Inspecteur	Administrateur	Accomplit ses devoirs	L'Inspecteur
SP	Amuseurs	**ESFP**	L'Artiste	Boute-en-train	L'Acteur	Le Politique
Artisans		**ISFP**	Le Compositeur	Conciliateur	L'Artiste	Le Médiateur
Recherchent des	Opérateurs	**ESTP**	Le Promoteur	Pragmatique	Le Faiseur	Le Légionnaire
sensations		**ISTP**	Le Manuel	Praticien	Le Mécanicien	L'Artisan

Bien que le MBTI soit le test de personnalité le plus utilisé dans le monde (Environ 2 millions de personnes s'en servent chaque année et la société qui produit et commercialise le test génère plus ou moins 20 millions de dollars U.S. chaque année), il fait l'objet de nombreuses critiques :

- il est basé sur des spéculations non testées de Jung (il n'y a pas d'expériences ni de données scientifiques qui permettent de valider ses types psychologiques) ;
- des études récentes montrent qu'il n'a aucun pouvoir prédictif, pas de constance dans le temps, les résultats en sont inexacts et irréguliers,…

Mais, du point de vue seulement spéculatif, les théories de Jung et de Myers-Briggs sont déjà insuffisantes car elles négligent nombre de dispositions et ne font nulle distinction entre inné et acquis et ne disposent pas non plus d'une structure claire incluant celles qui sont considérées, ni, a fortiori de lois de composition entre elles.

4. *Dispositions cognitivo-comportementales*

Les théories comportementales et les théories cognitives

Nous avons vu dans notre parcours historique que les comportementalistes, ne voient dans la personnalité qu'une somme de comportements réductibles aux rapports entre stimuli et réponses et rejettent toute idée de structure ou d'unité et, à la limite, réduisent l'individu à « des centaines d'habitudes indépendantes et spécifiques ». Leurs théories ne peuvent donc satisfaire les exigences de notre définition.

Les cognitivistes, en général, considèrent que nos « constructs », c'est-à-dire nos visions intellectuelles du monde qui nous permettent de nous y adapter le mieux possible dans le but d'y réaliser nos attentes, déterminent nos personnalités. Leur démarche prend donc en compte non seulement les dispositions intellectuelles, mais aussi les valeurs véhiculées par les attentes, ainsi, comme dans les cas de Mishel, des dispositions sociales (habilités, règles et normes). Cependant, ces théories sont évidemment aussi insuffisantes dans le cadre de notre définition.

Toutefois, dans le but d'une utilisation future, nous allons développer un peu la théorie des schémas, qui sont un autre mot pour désigner un « construct », un « construit » qui dirige notre personnalité et donc notre vie, tout spécialement la théorie des schémas précoces de Jeffrey Young.

Un schéma, selon Young, est « *un modèle imposé par la réalité ou l'expérience qui permet aux individus d'expliquer les faits, d'en appréhender la perception, et de guider leurs réponses. [...] Le schéma est un programme cognitif qui intervient comme guide dans l'interprétation de l'information et la résolution de problèmes.* », bref, un schéma est bien une vision intellectuelle acquise du monde.

Au cours du développement, des schémas se constituent précocement à partir des expériences vécues et continuent à être alimentés par les évènements de la vie. Pour Young, parler du schéma d'une personne équivaut à cerner ses modèles de réactions face à certaines situations, et ce, dans différentes modalités : cognitives, émotionnelles, mnésiques et corporelles. Lorsque ces modèles sont activés ou utilisés par l'individu, ils provoquent une réponse comportementale. Ainsi, les schémas expliquent les modèles de réactions internes et externes qui perdurent dans le temps, ce qui en fait des fondements de la personnalité. Pour Young, les schémas ne sont pas uniquement constitués de croyances ; des émotions, des souvenirs et des sensations physiologiques en font également partie. Les schémas peuvent être adaptés ou inadaptés au sens où ils contribuent plus ou moins au bien-être d'une personne et à son fonctionnement. L'origine des schémas est intimement liée à la réponse aux besoins affectifs fondamentaux, dont il propose la liste suivante :

- La sécurité liée à l'attachement aux autres,
- L'autonomie, la compétence et le sens de l'identité,
- La liberté d'exprimer ses besoins et ses émotions,
- La spontanéité et le jeu,
- Les limites et l'autocontrôle.

Issus de ces besoins fondamentaux, lorsque certains ne sont pas satisfaits, dix-huit schémas précoces, plus ou moins inadaptés, peuvent se construire et fonder la personnalité d'un individu :

① Besoin de sécurité liée à l'attachement aux autres : (hypersensibilité aux séparations et rejets)
1. Abandon/instabilité : croyance que les relations affectives ne durent pas
2. Méfiance/abus : croyance que les autres nous causent du tort
3. Manque affectif : croyance que les besoins affectifs ne seront pas comblés
4. Imperfection/honte : croyance d'être inférieurs aux autres et inadéquat
5. Isolement social : croyance d' « être à part des autres », de ne pas faire partie d'un groupe

② Besoin d'autonomie, de compétence et d'identité : (manque d'autonomie et de performance)
6. Dépendance/incompétence : croyance de ne pas être en mesure de prendre en charge ses responsabilités quotidiennes
7. Peur du danger ou de la maladie : croyance qu'une catastrophe incontrôlable est sur le point d'arriver
8. Fusionnement/personnalité atrophiée : croyance que son identité n'est pas clairement définie ou qu'elle est liée à celle d'autre(s) personne(s), généralement un parent
9. Échec : croyance d'être incompétent dans les domaines de performance (études, travail)

③ Besoin de limites et d'autocontrôle : (manque de limites)

    10. Droits personnels exagérés/grandeur : croyance que ses besoins et attentes doivent toujours être comblés

    11. Contrôle de soi/autodiscipline insuffisants : une intolérance à la frustration des désirs immédiats dans le but d'atteindre un objectif à plus long terme

④ Besoin d'exprimer ses besoins et émotions librement : (orientation excessive vers les autres)

    12. Assujettissement : croyance de devoir se conformer aux demandes et attentes des autres pour éviter des représailles (l'abandon, la colère)

    13. Abnégation : croyance de devoir se conformer aux demandes et attentes des autres dans le but d'éviter de se sentir coupable ou de se juger égoïste

    14. Recherche d'approbation et de reconnaissance : croyance de devoir se conformer aux demandes et attentes des autres pour se juger adéquat et appréciable

⑤ Besoin de spontanéité et de jeu : (sur-vigilance et inhibition)

    15. Négativité/pessimisme : croyance que des difficultés vont survenir et une préoccupation excessive pour les aspects négatifs et problématiques de la vie

    16. Sur-contrôle émotionnel : croyance de devoir inhiber ses émotions positives ou négatives

    17. Idéaux exigeants/critique excessive : croyance

de devoir tout accomplir parfaitement
18. Punition : croyance de devoir se punir ou punir les autres pour leurs fautes (manque de clémence pour soi et/ou pour les autres)

5. *Dispositions affectives et mentales*

L'ennéagramme

L'ennéagramme est une typologie comportant neuf catégories présentées par neuf (ennéa) points (gramos), chacun libellé du nom du type correspondants, répartis sur un cercle et reliés entre eux par des flèches :

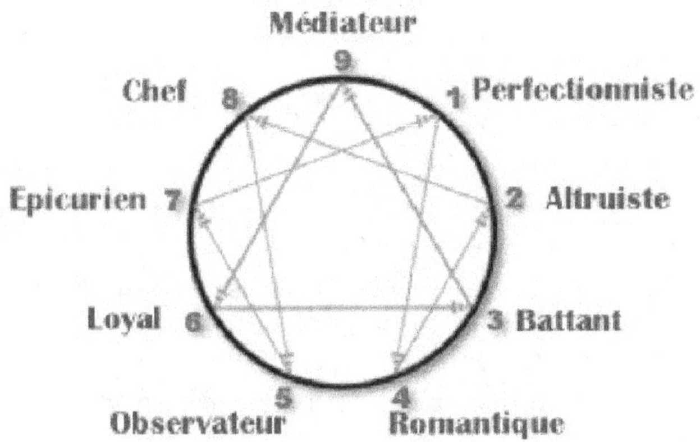

Typologie dédaigneusement snobée par le monde académique, l'ennéagramme connaît pourtant un engouement jamais démenti auprès du public profane et des « coaches » de tous bords depuis les années 70 et la publication des premiers ouvrages à son sujet.

C'est qu'il apparaît, d'un côté, très ésotérique, sorti de nulle part et introduit en Europe, en 1920, par quelqu'un souvent qualifié d' « aventurier », George Gurdjieff, et, d'un autre côté, aussi très séduisant, permettant d'un seul coup d'œil de classer certaines de nos connaissances.

Et pourtant, il est assez facile de rallier les psychologues professionnels à la cause de l'ennéagramme en lui offrant une justification académique solide.

Cette justification, nous la trouvons dans les schémas de Young que nous venons d'exposer. Ces schémas proviennent des conditionnements que le milieu familial et socioculturel exerce sur les tous les enfants et dont on sait qu'ils sont « *les pères des adultes* » (Freud). L'éducation donnée par les parents, l'école, les expériences de la vie forment les dispositions acquises dans l'enfance et que l'adulte exprimera durant toute son existence. Pour répondre aux attentes de son entourage, de la société, et donner l'image que l'on attend de lui, l'enfant adopte un jeu de comportements qui devient automatique et dont il ne se rend plus compte. L'enfant devient prisonnier d'un conditionnement, c'est à dire qu'il s'identifie à l'image que son éducation avait désignée comme bonne, idéale.

Un premier type de conditionnement est celui qu'a subi l'enfant à qui on a dit : « Tu es bien si tu es honnête, travailleur, soigné, ordonné ». Il correspond aux schémas précoces inadaptés de Young libellés 4 et 17 et que nous regroupons sous le terme « Imperfection ».

Un deuxième correspond à l'exhorte : « Tu es bien si tu es aimable, toujours prêt à aider, prêt à te sacrifier même ». Il correspond aux libellés 6 et 13.

Nommons-les « Dépendance ».

Un troisième type d'être humain a été élevé dans l'idée qu'il faut être actif, compétent, et réussir dans la vie. Peu importent les moyens, pourvu qu'il réussisse. S'il rate, il est mauvais. C'est souvent lorsqu'il va à l'école que ce genre d'idéal est inculqué à l'enfant. On le retrouve sous les libellés 9 et 14, regroupés sous le terme « Echec »

Dans une quatrième occurrence, on a dit à l'enfant : « Tu es bien si tu es cultivé, sensible, original ». Il s'agit souvent des enfants de parents à la fibre artistique. Cela s'accorde avec les schémas 8 et 10, que nous classerons sous le vocable « Exclusion ».

Cinquièmement, être « bien », c'est, d'après l'éducation que l'enfant a reçue, être intelligent, sage, réceptif. Ce qui se traduit par les schémas 3 et 16, notés « Carence affective ».

Une sixième injonction serait d'être obéissant, loyal, fidèle. Le principe fondamental est ici l'obéissance, avant l'honnêteté, la gentillesse, la culture, etc., tous ces éléments pouvant évidemment être également présents. Il correspond aux schémas 5 et 7, regroupés sous le terme « Vulnérabilité »

Une septième injonction typique est : « Sois gentil, gai, optimiste ». Certains enfants sont élevés ainsi, rejetés par leurs parents dès qu'ils commencent à pleurnicher, qu'ils ont des problèmes. Cette attitude engendre les schémas 1 et 11, le « Sacrifice ».

En huitième lieu, vient l'idéal : « Tu es bien si tu es fort, droit, juste, et supérieur de préférence ». Schémas 2 et 18, l' « Abus ».

Enfin, un neuvième et dernier cas dans l'éducation parentale et sociale apparaît lorsqu'on a inculqué la nécessité d'être toujours calme, tranquille et en harmonie avec les autres. Apparaissent alors les schémas 12 et 15, groupés sous le terme « Assujettissement ».

Neuf types d'éducation à la sociabilité, neuf paires de schémas, neuf types de personnalités, neuf points sur un cercle :

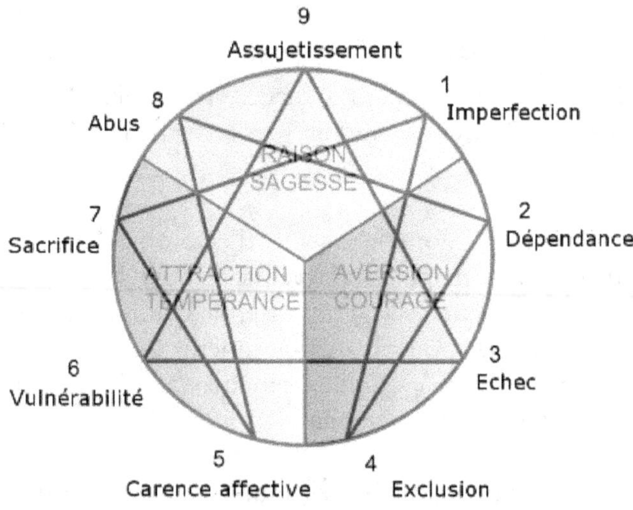

Et aussi neuf libellés, un pour chaque type de personnalité (en noir ci-après), neuf « compulsions » (l'émotion ou la situation principale vécue par le type de personne considérée en cas de conflit, interne ou externe, émotion ou situation à éviter ou fuir, en rouge ci-dessous) et neuf « idéaux » qui correspondent aux neuf conditionnements éducatifs subis :

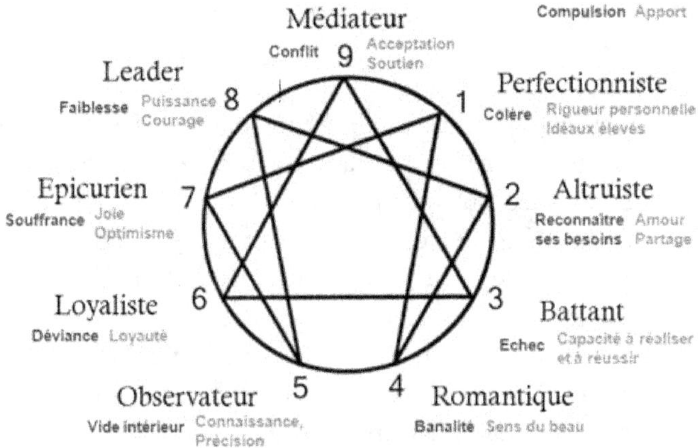

Par ailleurs, les neuf types se répartissent en trois centres selon le mode de réaction principalement utilisé, centre que l'on peut faire correspondre à chacun d'un des cerveaux, reptilien, limbique, néo-cortex :

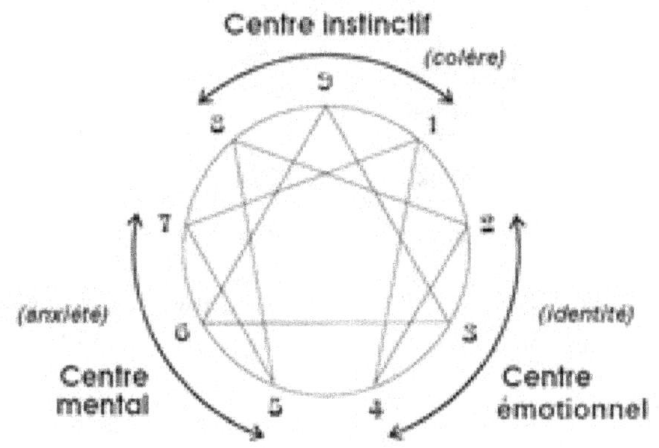

Chaque individu peut se retrouver dans un type bien déterminé, sa « base », mais il développe aussi des caractéristiques des types adjacents, appelés ses « ailes ». Ainsi, une base 4 peut cultiver les connaissances et la précision du type 5 et/ou la réussite du 3.

Il y a enfin le jeu des flèches qui relient certains types les uns aux autres et qui caractérisent les réactions de chacun d'entre eux en cas de stress ou de bien-être. En cas de bien-être, le type considéré adopte la réaction « idéale » du type dont provient la flèche qui aboutit à lui ; en cas de stress, il adopte la « compulsion » du type auquel arrive la flèche qui part de son point. Par exemple, un type 5, en cas de bien-être, s'armera de puissance et de courage comme le type 8, mais, en cas de stress, il fuira la souffrance comme le type 7.

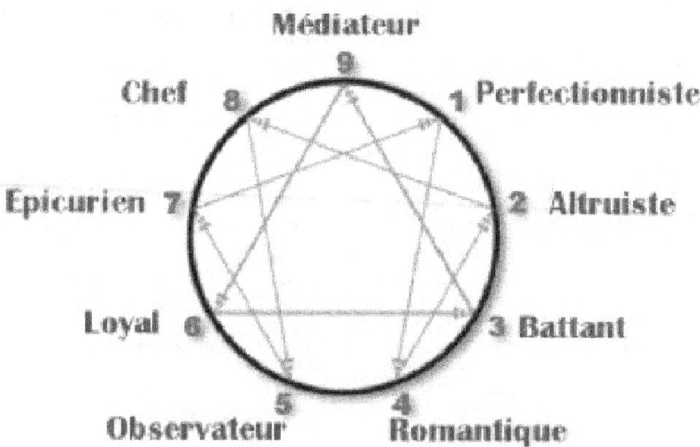

Décrivons à présent les caractéristiques de chacun des différents types.

Quelle est la réaction de chaque type en cas de conflit entre son « idéal » et la réaction des autres ?

Le type n° 1 dit ou pense : « J'ai raison ». Quand on ne lui donne pas raison, sa réaction première, sa « compulsion », sera la colère. Cette colère sera un des problèmes-clés de la personne, et s'il se met à travailler sur ce point, cela se répercutera positivement sur tous les autres domaines de sa vie.

Le type n° 2, toujours prêt à aider et à se sacrifier, dit : « J'aide », et lorsqu'il se trouve dans une situation où son aide n'est pas demandée, ou refusée, ou non reconnue, sa fierté est blessée.

Le type n° 3 se dit : « Je réussis, j'ai du succès dans tous les domaines de la vie ». Perdre serait insupportable. Pour gagner, tous les moyens lui sont bons : tromperie, mensonge, la fin justifie les moyens.

Le type n° 4 qui se doit d'être cultivé, sensible, original, se dit : « Je suis différent ». Or comme il s'agit d'un conditionnement, qui ne correspond pas à une réalité, il va donner naissance à la jalousie ou l'envie.

Le type humain n° 5, c'est le sage, l'intelligent. Plutôt que « Je sais », il dit « Je comprends ». Il faut qu'il comprenne tout et tout le temps, et lorsqu'il lui arrive de ne pas comprendre, il ne se sent pas à la hauteur. Le sens étymologique de « comprendre » étant de « prendre avec », le problème du type n° 5 sera l'avidité - le désir de prendre -, aussi bien au niveau intellectuel que matériel.

Le type n° 6 est celui à qui on a demandé d'être fidèle, obéissant, loyal. Il dit : « Je fais mon devoir ». Que se passe-t-il lorsqu'il ne le fait pas ? Dans son âme naît de la mauvaise conscience, qui finit par devenir de la peur et de l'angoisse. Le problème du type « Je fais mon devoir », c'est l'angoisse de ne pas le faire, de n'avoir pas l'envie ou la volonté de le faire.

Au type n° 7 on a dit : « Tu es bien si tu es toujours gentil, gai, optimiste ». Il affirme sans cesse : « Je suis heureux ! », et, donc, il se sent obligé d'être toujours heureux dans la vie. Ces conditionnements sont des réalités vivantes, non des théories ! Ce type n° 7 est sans cesse à la recherche du bonheur. Comme il ne peut pas être constamment heureux, il cherche toujours plus loin. Son problème sera l'excès, l'intempérance, la débauche même, parce qu'il faut être heureux à tout prix. Sinon il n'existe pas, car on lui a dit : « tu n'existes que si tu es heureux ». Il fera donc tout pour l'être !

Le type n° 8 doit être supérieur et fort. Toute marque de faiblesse doit donc être bannie et il les dissimulera par un autoritarisme cassant.

Enfin, on a dit au type n° 9 qu'il devait être calme, tranquille et en harmonie avec les autres. Il va dire : « Je suis satisfait et sans conflit, avec moi et les autres ». En effet, si on est satisfait et sans conflit, on est calme et tranquille. Mais la satisfaction conduit à l'immobilisme : lorsqu'on est satisfait, on n'a plus rien à faire, on peut se reposer sur ses lauriers. Le problème du type n° 9 sera la paresse et la fuite des conflits.

Quelles sont les évolutions possibles de chacun des types en fonction de l'issue des conflits vécus ?

Plusieurs niveaux sont possibles dans un type donné : une attitude maladive, immature, liée à un problème non résolu, une attitude normalisée, une façade familiale ou sociale, correspondant à un problème apparemment résolu. Enfin, s'il a été réellement résolu et intégré, le problème disparaît entièrement.

Ainsi l'attitude du type 1 - celui qui devait être honnête, travailleur, ordonné à tout prix, et qui affirmait : « J'ai raison » - sera, s'il n'a pas résolu son problème, celle du pharisien imbu de son bon droit mais sans hypocrisie. Il sera ergoteur, coupeur de cheveux en quatre, surtout quand il s'agira de lui-même, de ses propres idées, et il sera démoralisant pour les autres. S'il a apparemment résolu son problème, il sera scrupuleux, perfectionniste, caractéristiques plus positives, mais reflets souvent de l'hésitation. S'il réussit à dépasser ce conditionnement, il développera un sens critique juste et une conscience morale élevée.

L'attitude immature du type 2, toujours prêt à aider, à se sacrifier, et qui en éprouve une grande fierté, sera d'être dominateur, manipulateur : « Je me sacrifie, donc j'ai des droits sur toi ! ». Son attitude normalisée sera un peu maternelle, très active, protectrice. S'il dépasse son conditionnement, il devient simplement bienveillant, amical. Souvent il acquiert alors une certaine originalité.

Le type 3 n'est heureux que s'il réussit, même en usant de la tromperie. Si son attitude reste immature, il sera opportuniste et se servira de tout pour réussir. Dans le domaine professionnel, ce sera un carriériste. Il normalisera son attitude en prétendant être pragmatique, avoir le sens de la fonction qu'il a à remplir, le sens de son statut, supérieur évidemment ! S'il réussit à dépasser le conditionnement qu'on a mis en lui, il se révélera quelqu'un de vraiment compétent, deviendra digne de confiance, remplissant les responsabilités qu'on lui confie à partir des qualités qu'il a intégrées, et non plus en fonction de son conditionnement.

La tendance du type 4, celui qui doit être cultivé, sensible et original, est de devenir pleurnichard, plaintif, un artiste maudit. Au contraire, s'il réussit à dépasser tout cela, il deviendra réellement créatif et discipliné.

Le type n° 5, parce qu'il doit être intelligent, se sent isolé. Son attitude immature sera l'isolement. Si son attitude est normalisée, on lui reconnaîtra un esprit d'analyse très développé, un peu abstrait. On le croira distant et froid. S'il arrive à dépasser cela, il devient quelqu'un d'inventif, de sage et d'actif.

Le problème non résolu du type 6, le fidèle, l'obéissant, le loyal, sera la dépendance et l'agressivité, née de cette nécessité d'obéissance constante. Il croira avoir résolu son problème en devenant prudent et en ayant apparemment le sens du devoir. Il sera peut-être autoritaire, ou antiautoritaire, ce qui revient au même.

S'il réussit à dépasser son conditionnement, il deviendra réellement quelqu'un de fidèle, de courageux, et de confiant dans la vie.

Le type 7 n'a de valeur que s'il est toujours optimiste, gentil, gai, et comme ce n'est pas toujours possible, il deviendra quelqu'un d'excessif ou de dilettante, qui ne va jamais au fond des choses, s'occupant de mille choses à la fois, un peu profiteur, jouisseur. S'il arrive à dépasser ce conditionnement, il deviendra réellement quelqu'un de joyeux, à l'esprit clair, et capable d'avoir des intérêts profonds.

Si le type 8 croit ce qu'on lui a dit, qu'il doit toujours être supérieur, il aura une attitude dominatrice, tyrannique envers les autres. Il pourra même être violent. Normalisé, il dira de lui-même qu'il est seulement un peu direct, et puis qu'il faut bien faire un peu de contrôle. Lorsqu'il arrivera à intégrer son problème, il deviendra quelqu'un de généreux, de protecteur, qui saura mener et diriger les gens et les choses.

Pour le type 9, celui qui devait être toujours calme et tranquille, le danger est la paresse. Souvent le type n° 9 est assez immature, fataliste, très désorienté devant la vie. Cette paresse de l'esprit fait qu'il est borné aussi. Si le conditionnement est normalisé, toujours indécis et désorienté, le type 9 dira de lui qu'il est adaptable. S'il arrive à intégrer son conditionnement, il devient capable de s'orienter vers un but. Il ne sera plus faussement tranquille mais apaisé intérieurement, et véritablement ouvert aux autres.

L'ennéagramme est éminemment pratique. Il peut être appliqué à l'analyse littéraire et cinématographique par l'examen des types de personnages, à l'analyse du fonctionnement des couples en fonction du type de chacun des protagonistes, à la prédiction des réactions d'un individu dans une situation donnée.

Malgré ses côtés séduisants, l'ennéagramme se constitue uniquement sur la base des dispositions affectives et mentales acquises. Aucune place n'est accordée aux dispositions innées qui déterminent pourtant l'intensité des émotions vécues, par exemple, ni aux aptitudes, telles que le type et le degré d'intelligence de l'individu. Il n'a aucun fondement anthropologique, à part celui de l'influence primordiale de l'éducation pour l'être humain.

6. *Dispositions : aptitudes et intérêts professionnels*

« Chacun de nous n'est pas, de par sa nature, tout à fait pareil à chaque autre, mais cette nature au contraire l'en distingue ; à l'exécution de tâches différentes conviennent des personnes différentes. » (Platon)

Notre bien-être dans la profession que nous exerçons est évidemment essentiel pour nous-mêmes, mais aussi important pour notre employeur et la société tout entière. Ce bien-être est fonction de l'adéquation entre notre personnalité et les tâches que nous devons accomplir dans notre cadre professionnel, entre ce que nous aimons réaliser « par nature » et ce que nous devons exécuter. Se « réaliser » dans son activité professionnelle est donc de la plus haute importance pour notre bien-être et celui des gens que nous côtoyons, au travail ou ailleurs. D'où aussi la nécessité de se connaître soi-même le plus adéquatement possible, de connaître notre personnalité.

La démarche naturelle de pensée est d'explorer d'abord cette personnalité et, ensuite, en déduire ses propriétés professionnelles, les qualités qui correspondent à telle ou telle activité. C'est celle qui guide la théorie des Fradin : adopter une profession qui corresponde à notre « personnalité primaire », source de nos motivations intrinsèques, plutôt qu'à notre « personnalité secondaire », source de nos motivations extrinsèques. C'est aussi celle qui guide la théorie de Myers-Briggs (MBTI), dont les seize types sont libellés avec des termes orientés par la vie professionnelle.

La démarche des théoriciens de cette section est inverse. Elle consiste à extraire des aptitudes et des intérêts généraux nécessaires pour la pratique de certaines professions (quelles aptitudes sont-elles nécessaires pour être infirmière, professeur, chercheur, … ?) et de classer les individus en fonction de ces aptitudes et de ces intérêts. Autrement dit, le choix d'un métier est une forme d'expression de la personnalité que l'on peut mieux connaître par cette approche indirecte : « dites-moi quelle profession vous exercez, ou celle que vous désirez exercer, et je vous dirai qui vous êtes ».

La théorie la plus représentative de cette démarche est celle de John Holland :

La théorie de Holland, la typologie RIASEC

Holland distingue six types de personnalité selon les aptitudes et les intérêts professionnels.

Un acronyme, RIASEC, sert à rappeler ces types :
1. Réaliste : Besoin d'être impliqué physiquement dans ce qu'il fait.
2. Investigateur : Habité par une soif de connaissances et de savoir.
3. Artistique : Souhaite exprimer ses émotions ou pensées à travers des formes d'art.
4. Social : Attiré par les activités favorisant le contact avec les autres, particulièrement dans le but de les aider.
5. Entreprenant : Aime avoir des responsabilités, surmonter des défis dans l'espoir de se hisser au sommet.
6. Conventionnel : Désire respecter les normes, consignes et règles.

Les sommets d'un hexagone les rassemblent :

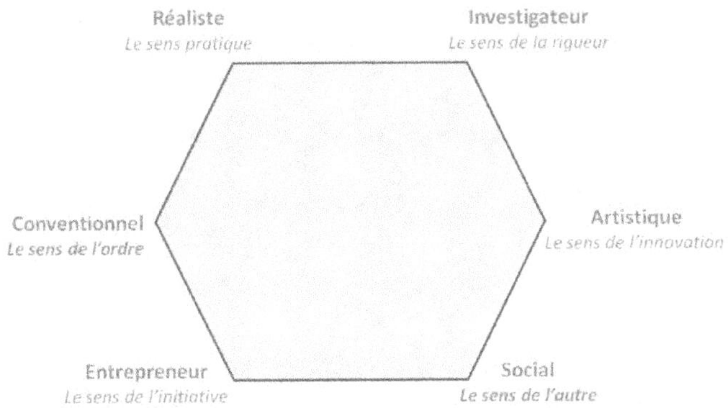

Le type d'un individu se mesure à l'aune de son affinité avec chacun de ces six types, dans une hiérarchie décroissante selon le degré de correspondance. Ce sont évidemment les deux ou trois premiers types dans cette hiérarchie qui déterminent les manières d'être et d'agir d'un individu, autant dans sa vie professionnelle que personnelle. Ainsi, quelqu'un qui se classerait principalement « Social », mais avec aussi des affinités « Entrepreneur » et « artistique » serait étiqueté comme une personnalité « SEA ». Cet acronyme de trois lettres est ce que Holland appelle le « code de la personnalité ». Il y a ainsi 6 ! (« factorielle 6 », soit 1x2x3x4x5x6 = 720) codes.

Cette typologie n'utilise que certaines aptitudes, ignorant toutes les autres dispositions. Bien qu'utile, elle ne satisfait ni nos attentes, ni notre définition générale.

Nous en arrivons enfin à la dernière catégorie selon les dispositions prises en compte : les dispositions internes de bases.

7. *Dispositions internes de base*

La théorie des traits ou dimensions

Nous avons déjà longuement détaillé cette théorie, allant des définitions, en passant par la raison pour laquelle elle est actuellement prédominante par rapport aux typologies et en en établissant un historique succinct.

Rappelons d'abord deux définitions :

Un *trait* (ou *dimension*) est « *une disposition interne, relativement générale et permanente, plus ou moins marquée selon les individus et ayant une valeur explicative du comportement* » (Huteau).

Une théorie de traits décrit la structure de la personnalité au moyen d'un certain nombre de traits ou dimensions de base.

De ces théories, la plus aboutie et la plus utilisée actuellement est celle du MCF (Modèle des Cinq Facteurs). Nous nous contenterons d'examiner rapidement celui-ci. On se reportera à sa description dans la partie historique.

Grâce à l'acronyme OCEAN, on se rappelle facilement les cinq dispositions internes de base : Ouverture, Conscience, Extraversion, Agréabilité, Névrosisme.

Malgré le caractère relativement consensuel de cette théorie, beaucoup de critiques lui sont adressées dans le monde académique :

- ce modèle est purement descriptif car il a été construit de façon strictement empirique et a-théorique (analyses factorielles de termes liés à la personnalité)
- le nombre de facteurs n'est en fait pas tellement consensuel : en appliquant l'approche lexicale dans 7 langues, Ashton trouve un facteur supplémentaire : l'Honnêteté-Humilité
- les 5 facteurs ne sont pas exhaustifs : ils ne couvrent pas toute l'étendue de la personnalité
- l'interprétation théorique des facteurs n'est pas consensuelle
- la structure réelle du modèle ne correspond pas exactement à la structure théorique : les facteurs ne sont pas totalement indépendants et certaines facettes sont peu liées au facteur correspondant
- Si les traits différencient bien les individus, ils ne sont pas absolument stables dans le temps (entre 20% et 30% des sujets n'ont pas les mêmes scores entre le test et un repassage de ce test)
- Il est difficile de se convaincre que les traits causent les comportements à eux seuls (un conducteur grille un stop. Est-ce parce qu'il est impulsif (personne) ou est-ce parce qu'il est pressé (situation) ?)

Notre approche nous conduit à formuler d'autres critiques qui nous empêchent de nous satisfaire de cette théorie :

- d'abord, mais de façon plus radicale, nous nous élevons aussi contre le caractère athéorique de cette approche. Nous avons déjà maintes fois plaidé pour la mise en évidence d'une base anthropologique à toutes les approches psychologiques

- ensuite, nous avons aussi déjà relevé la non-primitivité des traits. Ceux-ci ne sont que des effets de causes plus souterraines, plus primitives. Nous avons ainsi montré que l'extraversion résulte de la composition de facteurs caractériels fondamentaux

- par ailleurs, les traits sont-ils des dispositions innées ou acquises ?

- Enfin, de nombreuses autres dispositions ne sont pas prises en compte : tempéramentales ou caractérielles, aptitudes diverses (intelligences),…

- comment la structure de la personnalité est-elle définie, quelles en sont les lois de composition, comment l'utiliser pour prédire un comportement ?

Nous voilà arrivés au terme de notre exposé des principales théories de la personnalité avancées jusqu'ici. Certaines sont très séduisantes et fort utiles. Mais chacune d'entre elles présente des lacunes par rapport à notre définition et nos attentes générales. Ces lacunes proviennent de présupposés théoriques souvent tus, mais bien présents. Tous les modèles présentés sont basés sur une approche méthodologique particulière adoptée par les chercheurs qui les élaborent, plutôt que sur une théorie anthropologique globale.

Afin de remédier à ces lacunes, nous allons donc d'abord nous tourner vers une théorie plus générale de l'humain dans le chapitre suivant.

DEUXIEME CHAPITRE

Petit exposé de la grande théorie de Spinoza

Jean-Pierre & Mikhaël Vandeuren

ೞ 132 ೲ

C'est dans L'*Ethique*, le livre majeur de Spinoza que nous comptons puiser le socle anthropologique de notre théorie de la personnalité. Pour quelles raisons ? Elles sont nombreuses. Nous n'en citerons que les trois principales. D'abord, parce que cet ouvrage offre une vision du monde, et de l'humain en particulier, complète et cohérente. Evidemment, à l'aune des critères de scientificité actuels, cette approche se réclamant d'un philosophe du 17e siècle ne pèse pas bien lourd. Mais cette objection ne vise pas la bonne cible. Il ne s'agit pas ici de science, mais de vision du monde au sens de la citation suivante de Freud : « *Une vision du monde (Weltanschauung) est une construction intellectuelle qui résout de façon homogène tous les problèmes de notre existence à partir d'une hypothèse qui commande le tout.* »

Il s'agit d'une hypothèse qui permet d'orienter les recherches qui devront, elles, être conduites scientifiquement. L'hypothèse elle-même est purement spéculative et non testable. Cependant il se fait que cette vision du monde, ou du moins celle de l'homme, qui est celle qui nous intéresse ici, se trouve être de plus en plus confirmée par les découvertes scientifiques récentes, notamment par les neurosciences (Henri Atlan et Antonio Damasio) et utilisée dans de nombreux domaines, apparemment fort éloignés de la philosophie, entre autres, en économie (Frédéric Lordon) et en politique (Toni Negri). Ensuite, il se fait que, de l'anthropologie et de la psychologie rationnelle spinozistes, il est aisé de *déduire* de nombreux résultats expérimentaux obtenus par la science psychologique : aversion au risque, prophétie auto réalisatrice, dissonance cognitive, … (Voir notre site : https://www.vivrespinoza.com).

Enfin, Spinoza se révèle être aussi un génial précurseur de théories modernes telles que le constructivisme sur lequel nous reviendrons (Voir également notre site).

Voici le fil directeur de ce chapitre : une courte biographie présentera Spinoza et sera suivie d'un résumé du contenu de l'*Ethique* résumé qui insistera sur les trois premières parties dont les concepts forment les cadres respectivement ontologique, anthropologique et psychologique qui nous serviront dans le prochain chapitre ; un dernier paragraphe, difficile, reviendra sur la théorie de la connaissance élaborée dans la deuxième partie de l'*Ethique* en la reliant au constructivisme, avec pour comme point final le lien entre cette théorie et la personnalité.

Mais qui était Spinoza ?

Jean-Pierre & Mikhaël Vandeuren

୧ 136 ୨

I.   Brève biographie

« *Il est né, il a travaillé, il est mort.* », c'est en ces termes que Heidegger a débuté l'un de ces cours sur Aristote, tant, en définitive, la vie d'un penseur s'efface derrière son œuvre. Cette phrase s'applique aussi à Spinoza, dont l'existence fut d'ailleurs presqu'exclusivement consacrée à la rédaction de sa philosophie, couchée principalement dans L'*Ethique* qui lui demanda seize années d'efforts presque continus.

Quoique plus prolixes qu'Heidegger à propos d'Aristote, nous ne prendrons que quelques paragraphes pour tracer la biographie de Spinoza.

Baruch Spinoza naît le 24 novembre 1632 dans une famille appartenant à la communauté juive portugaise d'Amsterdam. Son prénom « Baruch », qu'il latinise en *Benedictus*, Benoît (*Bento* en portugais), signifie « béni » en hébreu. À cette époque, la communauté juive portugaise d'Amsterdam est essentiellement composée de Marranes, c'est-à-dire de juifs de la péninsule Ibérique convertis de force au christianisme, mais ayant, pour la plupart, secrètement maintenu une certaine pratique du judaïsme. Confrontés à la méfiance des autorités, particulièrement de l'Inquisition, et à un climat d'intolérance envers les convertis, un certain nombre d'entre eux ont quitté la péninsule ibérique et sont revenus au judaïsme lorsque cela était possible, comme aux Provinces-Unies au 17e siècle, région relativement libérale à cette époque étouffée par les dogmatismes religieux de tous bords.

Spinoza se montre très tôt avide de connaissance. Enfant, il fréquente évidemment l'école juive élémentaire de sa communauté, acquérant ainsi une bonne maîtrise de l'hébreu et de la culture rabbinique. Ensuite, sous la conduite du rabbin Mortera qui, séduit par son intelligence hors du commun, place en lui un espoir de rabbinat au service de sa communauté, il approfondit sa connaissance de la Loi écrite et accède aussi aux commentaires médiévaux de la Torah (Rachi, Ibn Ezra) ainsi qu'à la philosophie juive (Maïmonide). Plus tard, il fréquente l'école du philosophe républicain et « libertin » Franciscus van den Enden où il apprend le latin, découvre l'Antiquité ainsi que les grands penseurs des 16e et 17e siècles, Hobbes, Bacon, Grotius, Machiavel et Descartes, dont la philosophie exerce sur lui une influence profonde. Il est probable qu'il professe, dès cette époque, que le dieu des religions monothéistes n'est qu'une construction anthropomorphe et que ces religions ne visent que l'obéissance et la soumission, qu'il n'y a pas quelque chose comme l'immortalité de l'âme, que les « lois divines » furent inventées par les hommes eux-mêmes.

Ce sont probablement ces idées qui lui valent d'être définitivement banni de sa communauté pour hérésie le 27 juillet 1656 par un « herem » (sorte d'excommunication), d'une rare violence.

Après son exclusion, Spinoza se consacre à la rédaction de son *Ethique*, son maître-ouvrage, tout en gagnant sa vie en polissant des lentilles pour lunettes et microscopes. Cette rédaction ne fut interrompue que pour celle du *Traité Théologique Politique* (TTP), livre écrit dans le but de défendre la liberté de philosopher face aux divers dogmatismes religieux et publié en 1670 sous couvert d'anonymat. L'*Ethique* est terminée en 1675, mais ne sera publiée, toujours de façon anonyme, qu'après la mort précoce de Spinoza survenue deux ans plus tard, le 21 février 1677.

De son vivant Spinoza n'a publié sous son nom qu'un ouvrage, *Les principes de la philosophie de Descartes* (1663), résultat d'un cours donné à l'intention d'un élève. La rédaction de l'*Ethique* fut précédée de l'écriture de deux livres, le *Traité de la Réforme de l'Entendement* (TRE), inachevé et publié post mortem avec l'*Ethique*, et le *Court Traité sur Dieu, l'homme et sa félicité* (écrit en 1661, découvert très tardivement et publié seulement au 19ᵉ siècle). Deux autres traités inachevés sont aussi publiés dans les œuvres posthumes : un *Abrégé de Grammaire Hébraïque* et le *Traité Politique* (rédigé entre 1673 et 1677).

L'œuvre de Spinoza est donc relativement restreinte, mais elle connut un retentissement remarquable. Elle fut évidemment l'objet de la critique acerbe et de la haine virulente de la plupart des esprits religieux, mais aussi de l'admiration des grands esprits de l'humanité, qu'ils soient philosophes, écrivains ou poètes ou scientifiques contemporains renommés.

Passons à présent à l'exposé de la philosophie de Spinoza telle qu'elle est présentée dans l'*Ethique*.

ℭ𝔰 140 𝔢𝔬

II.   L'Ethique

Spinoza n'a pas intitulé son livre « philosophie », mais « éthique ». Pour quelle raison ?

Une éthique est une recherche, par un raisonnement conscient, d'une manière de conduire sa vie afin de pouvoir accéder à un « bien-vivre ». C'est ce que Spinoza propose dans son ouvrage.

S'il y a nécessité d'élaborer une telle manière de se conduire, c'est que chacun de nous expérimente la difficulté de vivre que Spinoza situe dans notre passivité par rapport à nos sentiments, et qu'il appelle la servitude humaine. Ce n'est évidemment qu'une constatation banale. L'originalité de Spinoza se trouve dans la réconciliation qu'il apporte entre l'affectif et la raison. En fait, Spinoza est le philosophe de la réconciliation : réconciliation de l'homme avec la nature, de l'esprit et du corps, de l'intelligible et du sensible, donc de l'homme avec lui-même, et enfin, de l'homme avec la société humaine. Ce processus de réconciliation lui permet d'élaborer une stratégie de libération de l'homme de sa servitude. Cette stratégie est le sujet principal de son « *Éthique* ».

Cependant, afin d'asseoir ses conclusions sur une démarche incontestable, Spinoza y adopte un développement hypothético-déductif calqué sur celui des livres de géométrie d'Euclide, ce qui fait de cette œuvre un spécimen unique dans les écrits mondiaux mais qui en rend aussi la lecture singulièrement difficile.

Quoiqu'il en soit, le cheminement proposé pour exposer la servitude humaine et le processus de libération, s'effectue en cinq étapes qui correspondent chacune à une partie de l'Ethique.

Nous serons évidemment souvent amenés à citer des passages de l'*Ethique*. Ils le seront sous la forme suivante : (Eth numéro de la partie, numéro de la proposition). Par exemple, (Eth II, 40) fait référence à la proposition 40 de la deuxième partie de l'*Ethique* ; (Eth II, 40, dém.), à un passage de la démonstration de cette proposition ; (Eth II, 40, Scolie 1), à un passage du premier « scolie » de celle-ci (un scolie est une remarque complémentaire suivant une proposition).

1. La première partie : l'ontologie

L'ontologie est la théorie de l'Être, cette première partie est également intitulée « De Dieu ».

Pour Spinoza, la certitude absolue, point de départ logique et ontologique, ce n'est pas le moi qui pense, le « cogito » cartésien, mais la position de la totalité de l'être, la Nature (que Spinoza appelle « Dieu » ou la « Substance », du latin *substare* « être dessous, se tenir dessous »), être intelligible cause immanente de tout (elle produit du dedans tout ce qui existe, il n'y a pas de créateur « extérieur » à la Nature, « transcendant », comme le ou les dieux créateurs des religions). Le spinozisme est un rationalisme absolu (la raison peut, en théorie, tout comprendre) et un déterminisme absolu (toute cause a un effet et tout effet provient d'une cause) qui n'est cependant pas un fatalisme (l'homme peut agir sur son existence)). La Nature est donc la puissance absolue d'exister et aussi la seule cause absolument libre, si l'on entend par liberté le fait d'agir par la seule nécessité de sa propre complexion. La liberté n'est pas sans loi, elle est législation interne.

L'homme, de par sa constitution, n'est en mesure de percevoir de la Substance que deux de ses propriétés essentielles, de ses « attributs » : l'Etendue et la Pensée. La Substance est à la fois étendue (spatiale) et spirituelle, mais aussi une infinité d'autres choses (attributs) que nous ignorons.

La Nature (ou « Dieu » ou la « Substance ») est donc

cause immanente de toutes choses :

« *Dieu est cause immanente de toutes choses et non pas transitive* » (Eth I, 18).

Mais pour amener une chose particulière à l'existence, il doit se mettre en place un processus infini de production par d'autres choses singulières :

« *Une chose singulière, ou, en d'autres termes, une chose quelconque qui est finie et dont l'existence est déterminée ne peut exister ni être déterminée à agir, qu'elle ne soit déterminée à l'existence et à l'action par une autre cause qui est également finie et dont l'existence est déterminée ; et, à son tour, cette cause ne peut pas non plus exister ni être déterminée à agir, qu'une autre cause également finie et dont l'existence est déterminée ne la détermine à l'existence et à l'action, et ainsi de suite à l'infini* » (Eth I, 28).

Ainsi, on peut voir la nature « naturée », c'est-à-dire, en gros traits, l'ensemble des choses singulières, comme un vaste réseau de connexions causales (Nietzsche la verra comme un chaos de forces), chacune de ces choses se laissant concevoir comme produite par d'autres et en produisant d'autres, ou, encore, comme un pouvoir d'être affecté et d'affecter.

L'homme est aussi une de ces choses singulières, il n'est pas, selon la fameuse formule, « *un empire dans un empire* » (Eth III, Préface). Il peut donc être un objet d'étude, à l'instar de toute production naturelle. Il en est ainsi en particulier de l'Esprit humain, ce qui introduit la deuxième partie de l'*Ethique*.

2. La deuxième partie : l'anthropologie

l'anthropologie est la théorie de l'homme. Cette seconde partie est également intitulée « de la Nature et de l'Origine de l'Esprit »

Il ne s'agit pas d'une considération exhaustive de tous les aspects humains, mais, dans la perspective de l'élaboration d'une éthique, seulement de ce qui lui est nécessaire :

« *Je passe maintenant à l'explication de cet ordre de choses qui ont dû résulter nécessairement de l'essence de Dieu, l'être éternel et infini. Il n'est pas question de les expliquer toutes ; car il a été démontré (dans la Propos. 16 de la première partie), qu'il doit y en avoir une infinité, modifiées elles-mêmes à l'infini, mais celles-là seulement qui peuvent nous mener, comme par la main à la connaissance de l'Esprit humain et de son souverain bonheur.* » (Eth II, Préface)

En fait, toute la pratique tirée de l'*Ethique* a pour principe que le fait de penser peut transformer le rapport *causal* de l'homme au monde.

Mais comme le monde, et en particulier l'homme, est à la fois Etendue et Pensée, Corps et Esprit, Spinoza va devoir étudier le Corps et le rapport entre celui-ci et l'Esprit.

Il va aussi devoir analyser ce « fait de penser » : qu'est-ce exactement la *connaissance* ? Qu'est-ce qu'une connaissance *vraie* ?

Ce sont les deux points principaux développés dans

cette deuxième partie.

Nous en retiendrons seulement les conclusions utiles pour nos futurs développements.

Qu'est-ce qu'un corps ?

Spinoza examine cette question dans la section que l'on a coutume d'appeler « la petite physique ». Pour être clair, il est cependant nécessaire d'en passer par la notion scolastique d' « essence ».

Chaque chose particulière dans l'univers a son essence propre, par laquelle se constitue sa spécificité. Dans les termes de Yirmiyahu Yovel, l'essence d'une chose singulière est cette place toute particulière qu'elle occupe dans la réalité ; c'est en quelque sorte le « point » logique et métaphysique qui lui appartient en propre sur l'ensemble de la carte de l'être.

Spinoza la définit comme suit :

« *Je dis qu'appartient à l'essence d'une chose cela qui, étant donné, fait que la chose est nécessairement posée, et qui, étant supprimé, fait que la chose est nécessairement supprimée, ou ce sans quoi la chose et inversement ce qui sans la chose ne peut ni être, ni être conçu* » (Eth II, Définition 2).

Pour mieux comprendre ce concept, il est utile de considérer des « êtres de raison » tels que les figures géométriques.

[« *Un être de raison est un être qui n'existe que dans la pensée, par opposition à l'être réel qui existe aussi en dehors d'elle. Un être de raison est plus précisément une « façon de penser qui sert à retenir, expliquer et imaginer plus facilement les choses déjà comprises. »* (Pensées Métaphysiques, I, 1 (Les *Pensées Métaphysiques* constituent un appendice à l'ouvrage *Principes de la Philosophie de Descartes*)). Mais un être de raison a toujours une raison d'être, pratique beaucoup plus que théorique : il *sert à* retenir, expliquer et imaginer *plus facilement les choses connues.* Ainsi le genre « animal » ou l'espèce « baleine » n'existent pas réellement en dehors de la pensée, ce ne sont que des façons commodes de regrouper différents individus — qui eux existent concrètement — par la considération de leurs caractéristiques communes les plus marquantes, pour en faciliter la mémorisation et la représentation.]

Ainsi toutes les propriétés d'une figure, comme par exemple un triangle, appartiennent à l'essence de cette figure. Par exemple, en géométrie euclidienne, la propriété qui énonce que la somme des angles d'un triangle planaire est égale à deux droits appartient à l'essence du triangle. Inversement, si une figure ne possède pas cette propriété, elle ne peut pas être un triangle : on ne saurait imaginer un tel triangle dont la somme des angles ne vaille pas deux droits.

Il en est de même de toutes choses singulières, et du corps de l'homme en particulier. Bien sûr, ce corps n'est pas en fait définissable de façon aussi précise que l'est un triangle ou un cercle. Mais en droit, ce qui définit l'essence individuelle du corps humain, c'est un certain rapport de mouvement et de repos qui se communique entre ses parties. En termes plus modernes, on pourrait penser à la structure ADN qui est propre à chacun de nous. De ce rapport unique peuvent, en théorie, se déduire toutes ses propriétés. Par exemple, du rapport qui définit Usain Bolt pourrait se déduire sa vitesse maximale de course. C'est une propriété qui appartient à son essence et sans cette propriété cette essence n'existerait pas.

Quel est le rapport entre l'esprit et le corps humain ?

L'esprit de l'homme n'est rien d'autre que l'idée de son corps :

« *Ce qui, en premier lieu, constitue l'être actuel de l'esprit humain n'est rien d'autre que l'idée d'une chose singulière existant en acte.* » (Eth II, 11)

« *L'objet de l'idée constituant l'esprit humain est le corps, c'est-à-dire un certain mode de l'Etendue existant en acte, et rien d'autre.* » (Eth II, 13)

D'un point de vue cinétique, le corps est constitué d'un très grand nombre de parties extensives et son individualité est formée par un certain rapport de mouvement et de repos entre ces parties. Chacune des parties du corps est elle-même l'objet d'une idée (qui est l'esprit de cette partie). L'esprit humain, l'idée du corps humain, est donc constitué du très grand nombre d'idées de ses parties, idées reliées entre elles par l'idée du rapport de mouvement et de repos entre les parties du corps tout entier. C'est ce qu'*est* l'esprit humain. Par ailleurs, l'esprit *a* aussi des idées qui sont, au départ, des idées des affections du corps par les corps extérieurs.

L'individu est maintenu en vie par la conservation de son rapport. On est dans le domaine de l'être, du vivre.

On peut aussi adopter un point de vue dynamique sur l'individu. Il l'est dans la troisième partie.

Qu'est-ce que la connaissance ?

Ce sujet est extrêmement délicat et difficile à présenter de façon succincte et néanmoins claire. Nous allons y revenir en détail un peu plus loin car il est au centre de l'approche cognitive en psychologie.

Nous devons cependant signaler que Spinoza, en Eth II, 40, Scolie 2, distingue trois modes de connaissance suivant la façon dont nous formons nos idées : l'Imagination, la Raison et l'Intuition. Ce dernier mode, l'Intuition, quoiqu'au centre de la démarche spinoziste vers la sagesse, est véritablement difficile à comprendre et à exposer. On en trouvera de nombreuses approches sur notre blog, mais nous ne l'aborderons pas ici.

L'Imagination, ou opinion, ou encore, premier genre de connaissance, est constituée, d'une part, « *à partir des choses singulières qui nous sont représentées par les sens d'une manière mutilée, confuse et sans ordre pour l'entendement* », bref « *par expérience vague* » et, d'autre part, « *à partir des signes, comme, par exemple, des mots que nous aimons à entendre ou à lire, et qui nous rappellent certaines choses, dont nous formons alors des idées semblables à celles qui ont d'abord représenté ces choses à notre imagination* », bref « *par ouï-dire* ».

Avec plus de détails :

« *Or ces affections du corps humain, dont les idées nous représentent les corps extérieurs comme nous étant présents, nous les appellerons, pour nous servir des mots d'usage, images des choses, bien que la figure des choses n'y soit pas contenue. Et lorsque l'âme aperçoit les corps de cette façon, nous dirons qu'elle imagine.* » (Eth II, 17, Scolie)

Toute rencontre de notre corps avec une chose extérieure l'affecte. Cette affection de notre corps est l'image de cette chose (« *Les images du corps sont les affections mêmes du corps humain, ou, en d'autres termes, les modalités selon lesquelles le corps humain est affecté par les causes extérieures et disposé de telle sorte qu'il accomplisse tel ou tel acte* » (Eth III, 32, Scolie) ; « *Les affections corporelles ou images des choses …* » (Eth V, 1)).

Notre esprit automatiquement a une idée de cette affection corporelle, de cette image, il en est conscient (« *Tout ce qui arrive dans l'objet de l'idée qui constitue l'esprit humain doit être perçu par elle ; en d'autres termes, l'esprit humain en aura nécessairement connaissance. Par où j'entends que si l'objet de l'idée qui constitue l'esprit humain est un corps, il ne pourra rien arriver dans ce corps que l'esprit ne le perçoive* » (Eth II, 12)). Cette idée est nécessairement confuse et partielle car elle englobe à la fois la nature du corps humain et celle du corps extérieur (« *L'idée de chacune des modifications dont le corps humain est affecté par les corps extérieurs doit exprimer la nature du corps humain et à la fois celle du corps extérieur* » (Eth II, 16)). Nous appellerons imagination l'idée de l'image.

Et lorsque l'esprit humain a des idées qui sont des imaginations, c'est-à-dire des idées d'images, nous dirons qu'il imagine.

Nous pouvons voir l'esprit comme le témoin d'une scène, d'un événement, comme un accident de la circulation par exemple, qui, en le relatant, va nous le re-présenter (nous le rendre présent) mais en l'interprétant selon sa propre complexion et son état affectif : « *C'est sur les lèvres de chacun : autant de têtes, autant d'avis* » (Eth I, Appendice).

Ce premier genre de connaissance est propre à chacun de nous car il dépend de chaque histoire personnelle. Il est confus et mutilé et la seule source d'erreur (Eth II, 41). Il est la source de la séparation des hommes. Il est cependant notre façon « naturelle » de penser qu'il s'agit de dépasser.

Pour éviter de penser par « opinion », nécessairement subjective, il convient de raisonner à partir de ce qui est commun : « *les notions communes* (comme l'espace, le mouvement et le repos, les lois universelles) *et les propriétés des choses* ». Ce deuxième genre de connaissance est nommé la Raison et il est source de vérité et d'union. En un sens théorique, nous pouvons identifier la Raison avec la Science, mais la Raison possède aussi un sens pratique qui est de nous mener vers la sagesse.

Toutefois, notre premier genre de connaissance des choses provient immédiatement de l'affection de notre corps par celles-ci, affection qui provoque en nous des émotions, des sentiments qui, à leur tour pilotent nos conduites. Par exemple, lorsqu'un individu entend une certaine musique (il est affecté auditivement par cette musique), elle peut lui rappeler un événement douloureux (une séparation disons) qui va le plonger dans une certaine tristesse et le pousser à agir dans un certain sens pour éloigner cette tristesse (se mettre à « boire pour oublier » peut-être).

Il convient donc d'étudier les sentiments humains, sentiments que Spinoza appelle « affects » :

3. *La troisième partie : la psychologie*

La psychologie est la théorie des sentiments et des comportements qu'ils engendrent. Cette troisième partie est également dénommée « De l'Origine et de la Nature des Affects ».

Dans cette partie, la plus importante pour le propos de ce livre, Spinoza se propose d'étudier la vie affective de l'homme comme tout autre phénomène naturel.

Le point de départ en est :

L' « essence actuelle », le Conatus

Lorsqu'une chose singulière accède à l'existence, c'est-à-dire entre dans la durée, elle va s'efforcer d'actualiser les propriétés contenues dans son essence avec le concours de certaines choses extérieures (celles qui lui conviennent) et contre d'autres choses extérieures (celles qui s'opposent à cette actualisation, qui lui sont contraires). Cet effort est sa poussée existentielle, son essence « actuelle », son Conatus (terme latin qui signifie « effort » et que nous utilisons par tradition bien que Spinoza lui-même ne le mentionne pas tel quel).

Si l'on imaginait un triangle doué de vie, on le verrait s'efforcer de déduire de sa définition le nombre maximum possible de propriétés en utilisant le concours d'autres figures et de tracés grâce au mouvement. Ainsi, pour déduire que la somme de ses angles vaut deux droits, il aurait recours au mouvement pour prolonger un de ses côtés et y mener une parallèle par le sommet opposé.

Le Conatus humain se nomme Désir. On pourrait dire, en employant les termes de Christian Lazzeri, que :

« Le Désir est fondamentalement désir de l'essence elle-même pour sa pleine réalisation et non désir de conservation physiologique qui définit la vie. Il apparaît comme effort d'une essence pour rejoindre son être optimal à partir de toutes les modifications qui l'affectent dès lors qu'elles empêchent ou favorisent cette puissance. »

Le Conatus est effort de constitution d'un soi. Et cet effort ne peut se faire que par des actes posés dans le monde.

Remarquons en passant que le Conatus donne une assise métaphysique à la fameuse formule de Jules Lequier : *« Faire et en faisant se faire. »*

Il y a donc deux points de vue, cinétique et dynamique, de la même essence :

Du point de vue cinétique, comme nous l'avons vu, le corps est constitué d'un très grand nombre de parties extensives et son individualité est formée par un certain rapport de mouvement et de repos entre ces parties. Chacune des parties du Corps est elle-même l'objet d'une idée (qui est l'Esprit de cette partie). L'Esprit humain, l'idée du Corps humain, est donc constitué du très grand nombre d'idées de ses parties, idées reliées entre elles par l'idée du rapport de mouvement et de repos entre les parties du Corps tout entier. C'est ce qu'*est* l'Esprit humain. Par ailleurs, l'Esprit *a* aussi des idées qui sont, au départ, des idées des affections du Corps par les corps extérieurs.

L'individu est maintenu en vie par la conservation de son rapport. On est dans le domaine de l'être, du vivre.

Du point de vue dynamique, l'individu est constitué par une poussée, un effort (Conatus), une puissance d'être affecté et d'affecter héritée de la puissance divine.

On est dans le domaine du faire, de l'agir, du produire, qui a deux finalités : maintenir l'individu en vie, conserver son rapport de mouvement et de repos et augmenter cette puissance d'être affecté et d'affecter.

C'est à ce niveau dynamique que jouent les affects (terme justement préférable, dans la théorie spinoziste, à celui de sentiments), la Joie étant l'affirmation du passage à un degré plus élevé de puissance, la Tristesse, à un degré moindre, ces deux affects déterminant les désirs particuliers. Tous les autres affects peuvent se définir à partir des trois fondamentaux, le Désir, la Joie et la Tristesse.

Ces deux points de vue sur l'essence individuelle (cinétique, comme rapport de mouvement et de repos entre un très grand nombre de parties et dynamique, comme degré de puissance, pouvoir d'être affecté et d'affecter) sont équivalents. Cela résulte du troisième postulat d'Eth II :

« *Les individus composant le corps humain sont affectés, et conséquemment le corps humain lui-même est affecté, d'un très grand nombre de manières par les corps extérieurs.* »

Pour mieux comprendre cette équivalence, on peut se référer aux explications données par Deleuze dans son cours sur Spinoza du 24 Mars 1981 :

« *Avoir, sous un certain rapport, une infinité de parties extensives c'est pouvoir être affecté d'une infinité de façons. Dès lors tout devient lumineux.*

Si vous avez compris la loi des parties extensives, elles ne cessent pas d'avoir des causes, d'être causes, et de subir l'effet les unes des autres. C'est le monde de la causalité ou du déterminisme extrinsèque, extérieur. Il y a toujours une particule qui frappe une autre particule. En d'autres termes, vous ne pouvez pas penser un ensemble infini de parties sans penser qu'elles ont à chaque instant un effet les unes sur les autres.

Qu'est-ce qu'on appelle affection ? On appelle affection l'idée de l'effet. Ces parties extensives qui m'appartiennent, vous ne pouvez pas les concevoir comme sans effet les unes sur les autres. Elles sont inséparables de l'effet qu'elles ont les unes sur les autres. Et il n'y a jamais un ensemble infini de parties extensives qui seraient isolées. Il y a bien un ensemble de parties extensives qui est défini par ceci : cet ensemble m'appartient. Il est défini par le rapport de mouvement et de repos sous lequel l'ensemble m'appartient. Mais cet ensemble n'est pas séparable des autres ensembles, également infinis, qui agissent sur lui, qui ont de l'influence sur lui et qui eux, ne m'appartiennent pas. Les particules de ma peau ne sont évidemment pas séparables des particules d'air qui viennent les taper. Une affection ce n'est rien d'autre que l'idée de l'effet. L'idée nécessairement confuse puisque je n'ai pas idée de la cause. C'est la réception de l'effet : je dis que je perçois. C'est par là que Spinoza peut passer de la définition cinétique à la définition dynamique, à savoir que le rapport sous lequel une infinité de parties extensives m'appartient c'est également un pouvoir d'être affecté. »

Ainsi l'essence d'un individu humain particulier peut-être vue, entre autres, comme une expression de la puissance divine (voir Eth III, 6, démonstration), comme une certaine quantité de puissance, une aptitude bien définie à produire certaines choses.

C'est à partir de cet effort que vont pouvoir se définir tous les sentiments et être étudié toutes les propriétés de la psyché humaine que nous présentons sous la forme d'une…

Boîte à outils psychologique de Spinoza (BOPS)

Les outils rassemblés ici et que nous allons utiliser plus tard, sont les propositions qui dévoilent les mécanismes de formation des affects. Elles sont de deux types : les mécanismes intra et inter-psychiques. Ces deux types sont évidemment inextricablement mêlés. Les affects de chaque individu trouvent leur fondement dans son effort rechercher la joie et d'éloigner la tristesse (pour persévérer et s'accroître dans son être) mais, cet effort étant au départ totalement indéterminé (l'homme doit tout apprendre petit à petit), c'est son environnement familial et plus généralement social, qui va en déterminer les orientations. Et cette détermination trouve son fondement dans l'imitation qui joue le rôle de conatus global de la communauté humaine traduisant un véritable désir d'universalité. Au sein de cette communauté, l'individu va rechercher l'approbation des autres et repousser leur tendance de domination. Tous les mécanismes de formation des affects se greffent sur ces fondements – conatus individuel et social - et ces tendances fondamentales – recherche de la joie et de l'approbation d'autrui. C'est la raison pour laquelle ils sont, dans chacun des types, présentés en deux blocs qui correspondent, le premier, à leur fondement dans ce type, le second, à leur tendance.

Rappelons d'abord la définition de l'affect :

<u>Définition</u>

A-1 : « *J'entends par Affects les affections du Corps par lesquelles sa puissance d'agir est accrue ou réduite, secondée ou réprimée, et en même temps que ces affections, leurs idées* » (Eth III, Définition 3).

Rappelons aussi que l'Esprit n'est rien d'autre que l'idée du Corps mais qu'il y a indépendance causale entre l'Esprit et le Corps :

A-2 : « *Ni le Corps ne peut déterminer l'Esprit à penser, ni l'Esprit ne peut déterminer le Corps au mouvement, au repos, ou à un quelconque état que ce soit (s'il en existe)* » (Eth III, 2).

A-3 ; Tous les affects s'expriment en fonction des trois affects de base, le Désir, la Joie et la Tristesse.

Ainsi, par exemple, l'Amour est une Joie qu'accompagne l'idée d'une cause extérieure, la Haine une Tristesse qu'accompagne une telle idée, la Gloire, une joie qu'accompagne l'idée d'une action que nous imaginons louée par les autres, l'Ambition (de Gloire) est un Désir immodéré de la Gloire.

Les mécanismes intrapsychiques

I renvoie à Individuel.

I-1

L'essence de l'individu est son effort (conatus) pour persévérer et s'accroître dans son être (Eth III, 6 et 7).

Pour fixer la terminologie, il est bon de citer en entier le scolie de Eth III, 9 :

« Cet effort, quand il se rapporte exclusivement à l'Esprit, s'appelle Volonté ; mais quand il se rapporte à l'Esprit et au Corps tout ensemble, il se nomme Appétit. L'appétit n'est donc que l'essence même de l'homme, de laquelle découlent nécessairement toutes les modifications qui servent à sa conservation, de telle sorte que l'homme est déterminé à les produire. De plus, entre l'Appétit et le Désir il n'y a aucune différence, si ce n'est que le Désir se rapporte la plupart du temps à l'homme, en tant qu'il a conscience de son Appétit ; et c'est pourquoi on le peut définir de la sorte : Le Désir, c'est l'appétit avec conscience de lui-même. Il résulte de tout cela que ce qui fonde l'effort, le vouloir, l'appétit, le désir, ce n'est pas qu'on ait jugé qu'une chose est bonne ; mais, au contraire, on

juge qu'une chose est bonne par cela même qu'on y tend par l'effort, le vouloir, l'appétit le désir. »

L'indétermination originelle du Désir est énoncée dans Eth III, 15 :

« Une chose quelconque peut être par accident cause de joie, de tristesse ou de désir » (Eth III, 15).

I-2

Le ciment de la cohésion individuelle est la Joie, tandis que son facteur de désagrégation, de désunion, est la Tristesse.

I-2-1

Joie et Tristesse sont reliées au Conatus, à l' « ingenium » (personnalité), aux désirs et aux actes par le *cycle des passions de base* :

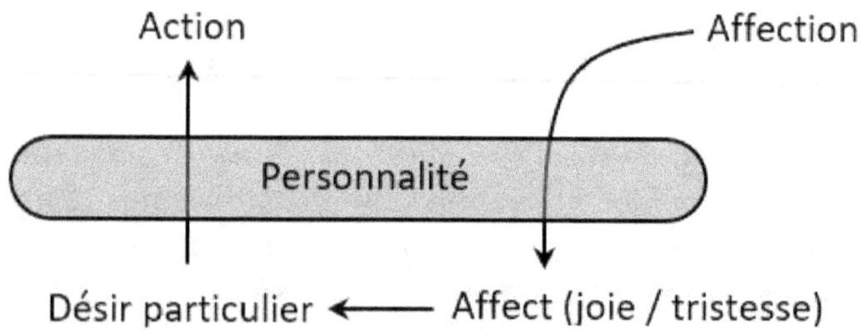

Ce schéma est une façon visuelle destinée à développer la définition du Désir :

« Le Désir est l'essence même de l'homme en tant qu'elle est

conçue comme déterminée à faire quelque chose par une affection quelconque donnée en elle » (Eth III, Définitions des Affects, 1).

Cet outil est d'une importance cruciale pour le propos général de ce livre ; il vaut donc la peine de nous y attarder un moment.

Comment sommes-nous affectés ? Qu'est-ce qui détermine telle affection à produire en nous tel affect plutôt que tel autre ? Comment se fait-il qu'une même affection affecte différemment deux individus différents ? L'écoute d'un même morceau de musique, par exemple, peut procurer à l'un une joie débordante, plonger un autre dans une profonde tristesse et laisser un troisième de marbre. Comme le dit Spinoza : « *La musique, par exemple, est bonne pour un mélancolique qui se lamente sur ses maux ; pour un sourd, elle n'est ni bonne ni mauvaise.* » (Eth IV, Préface).

En fait, avant qu'une affection produise un affect, elle passe par un filtre personnel qui est ce que Spinoza désigne du nom d' « ingenium », terme latin difficile à traduire.

Les opinions humaines sont, ainsi que nous l'avons vu, un produit de l'Imagination, et l'Imagination de chaque individu, les histoires qu'il réunit, les images qu'il projette sur le monde, dépendent irréductiblement de sa propre « complexion ». C'est ce que Spinoza désigne par ce terme d' « ingenium », ce que nous pouvons traduire à présent par celui de « personnalité ». Il désigne la structure affective qui déterminent les penchants d'un individu, la manière d'être modifiée de son essence, mais aussi sa manière propre de modifier son entourage, en agissant sur celui-ci, bref, à la fois sa manière d'être affecté et celle d'affecter.

On voit donc ainsi apparaître la notion de personnalité au centre de la psychologie spinoziste. Et l'on voit que pour comprendre le comportement d'un individu, ce qui est la tâche centrale à laquelle est vouée la psychologie, qu'elle soit théorique, expérimentale ou appliquée, il est indispensable de pénétrer cette « boîte noire » qu'est sa personnalité. Pour construire cet outil, cet « être de raison », il nous faudra dès lors explorer les facteurs généraux qui déterminent la puissance d'être affecté d'un être humain quelconque et ceux qui déterminent sa puissance d'affecter.

I-2-2

Naturellement, l'individu va rechercher à produire et accroître sa Joie et éloigner et détruire sa Tristesse :

I-2-2-1 : En général

« *Nous nous efforçons de promouvoir l'avènement de tout ce dont nous imaginons que cela conduit à la Joie, mais nous nous efforçons d'éloigner ou de détruire tout ce qui s'y oppose, c'est-à-dire tout ce dont nous imaginons que cela conduit à la Tristesse* » (Eth III, 28).

I-2-2-2 : Envers autrui

Rappelons que l'Amour envers une chose est la Joie

accompagnée de l'idée de cette chose, tandis que la Haine envers une chose est la Tristesse accompagnée de l'idée de cette chose.

« Celui qui hait quelqu'un s'efforcera de lui faire subir un mal, à moins qu'il ne craigne qu'un mal plus grand n'en résulte pour lui. Au contraire, celui qui aime quelqu'un s'efforcera, selon la même loi, de bien agir à son égard » (Eth III, 39).

I-2-3

Joie et Tristesse interagissent dans le *cycle des joies et tristesses* :

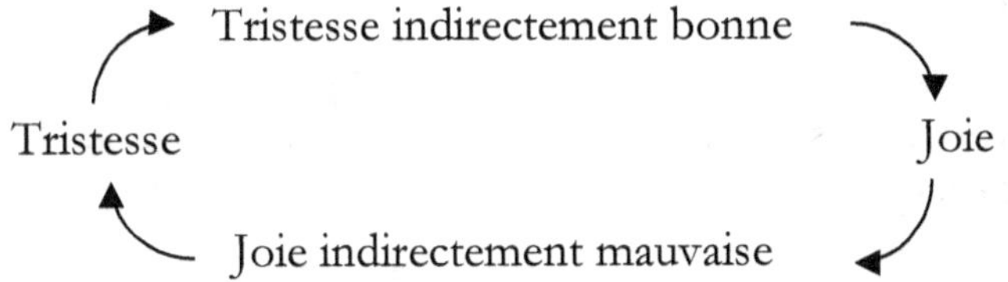

I-2-4

Les principaux mécanismes :

A : Association

A-1 : Association par contingence (deux affects simultanés)

« Si l'Esprit a été affecté une fois de deux affects en même temps, lorsque plus tard il sera affecté de l'un, il sera aussi affecté de l'autre » (Eth III, 14).

Il vaut la peine de mentionner le cas particulier donné

par le corollaire de Eth III, 15 :

A-1-1 : « *Du seul fait que nous avons considéré un objet en même temps que nous étions affectés d'une Joie ou d'une Tristesse dont il n'était pourtant pas la cause efficiente, nous pouvons l'aimer ou le haïr.* »

A-2 : Association par ressemblance (Transfert direct)

« *Par cela seul que nous imaginons qu'une chose a quelque trait de ressemblance avec un objet affectant habituellement l'esprit de joie ou de tristesse, et bien que le trait par lequel cette chose ressemble à cet objet ne soit pas la cause efficiente de ces affects , nous aimerons cependant cette chose ou nous l'aurons en haine* » (Eth III, 16).

A-3 : Association par ressemblance (Transfert inverse)

« *Si, d'un objet qui affecte habituellement de Tristesse, nous imaginons qu'il a quelque chose de semblable à un autre objet qui nous affecte habituellement d'une Joie aussi grande, nous aurons simultanément pour lui de la haine et de l'amour* » (Eth III, 17).

F : Fixation du Désir

« *Qui se rappelle une chose à laquelle il a pris plaisir une fois, désire la posséder avec les mêmes circonstances que la première fois qu'il y a pris plaisir* » (Eth III, 36).

E : Erratisme

« Des hommes divers peuvent être affectés de diverses manières par un seul et même objet, et un seul et même homme peut être affecté par un seul et même objet de diverses manières en même temps » (Eth III, 51).

T : Rapport au temps

T-1 : Déconnexion temporelle (identité des affects dans le temps)

« L'homme est affecté par l'image d'une chose passée ou future du même affect de joie ou de tristesse que par l'image d'une chose présente » (Eth III, 18).

En particulier, cette déconnexion débouche sur le *cycle de l'espoir et de la crainte* :

Espoir prédominant mais crainte croissante

↓

Crainte prédominante et toujours croissante (cas-limite : le désespoir)

↓

Crainte prédominante mais décroissante

↓

Espoir prédominant et crainte décroissante (cas-limite : la sécurité)

T-2 : Préférence pour le présent (concerne l'intensité des affects)

« *A l'égard d'une chose future que nous imaginons devoir être prochainement, nous sommes affectés de façon plus intense que si nous imaginions que son temps d'existence est beaucoup plus éloigné du présent* » (Eth IV, 10).

Les mécanismes interindividuels

S renvoie à Social.

S-1

Le processus d'imitation – ou de mimétisme affectif - joue le rôle de conatus social, véritable effort d'universalité. Il est donné par Eth III, 27 :

« *Si nous imaginons qu'une chose semblable à nous et à l'égard de laquelle nous n'éprouvons d'affects d'aucune sorte éprouve quelque affect, nous éprouvons par cela même un affect semblable.* »

On peut particulariser ce mimétisme successivement aux divers affects, Tristesse et Haine, Joie et Amour, désirs particuliers :

S-1-1 : (Application à la Tristesse) : la Commisération

« *Cette imitation des affects s'appelle Commisération quand elle concerne la Tristesse* » (Eth III, 27, Scolie).

S-1-2 : (Application au Désir) : L'Emulation

« … ; *mais si elle est relative au Désir, elle s'appelle Emulation, celle-ci n'étant donc rien d'autre que le Désir d'une chose, provoqué en nous par le fait que nous imaginons que d'autres êtres semblables à nous ont le même Désir* » (Eth III, 27, Scolie).

L'Emulation coïncide avec le désir mimétique de Girard.

S-1-3 : (Application à l'Amour) : l'identification

« *Quand on imagine que l'objet aimé est affecté de Joie ou de Tristesse, on est également affecté de Joie ou de Tristesse* » (Eth III, 21).

S-1-4 : (Application à la Haine) : la séparation

« *Si l'on imagine l'objet de sa Haine affecté de Tristesse, on se réjouit ; si on l'imagine au contraire comme affecté de Joie, on s'attriste* » (Eth III, 23).

S-1-5 : (Application à l'Amour et à la Haine) : la contagion

« *Si nous imaginons que quelqu'un affecte de Joie l'objet que nous aimons, nous serons affectés d'Amour pour lui. Si nous imaginons au contraire qu'il l'affecte de Tristesse, nous serons inversement affectés de Haine contre lui* » (Eth III, 22).

« *Si nous imaginons que quelqu'un affecte de Joie un objet que nous haïssons, nous serons affectés de Haine à son égard. Si nous imaginons au contraire qu'il l'affecte de Tristesse, nous serons affectés d'Amour à son égard* » (Eth III, 24).

Le passage de la similitude à l'amour engendre

S-1-6 : Le Désir de réciprocité

« *Quand nous aimons un objet semblable à nous, nous nous efforçons, autant que nous le pouvons, de faire en sorte qu'il nous aime en retour* » (Eth III, 33).

S-2

Le ciment de la cohésion sociale est l'Ambition de Gloire, tandis que le facteur de désunion sociale est l'Ambition de domination.

Ambition de Gloire et de domination interagissent dans le *cycle séparateur des hommes* :

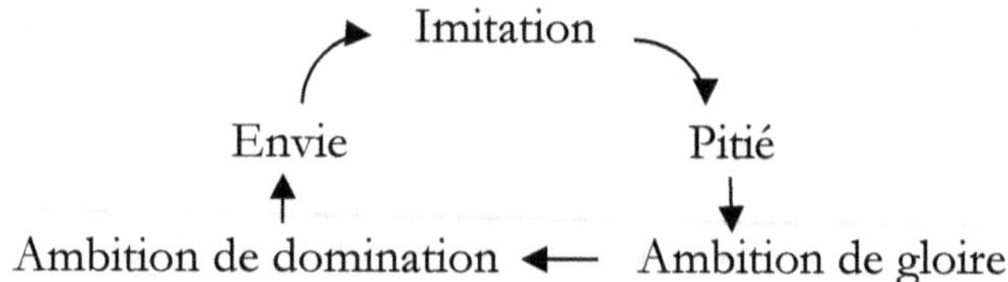

Les deux premiers mécanismes qui suivent se rapportent à l'Ambition de Gloire, les deux derniers à l'Ambition de domination.

S-2-1 : le conformisme

« *Nous nous efforcerons de faire tout ce que nous imaginons que les hommes verront avec joie, et nous aurons en aversion de faire ce que nous imaginons que les hommes ont en aversion* » (Eth

III, 29).

S-2-2 : la confirmation

« *Si nous imaginons que quelqu'un aime, ou désire, ou a en haine quelque chose que nous aimons, désirons, ou avons en haine nous-mêmes, de ce seul fait nous aimerons (désirerons ou aurons en haine) cette chose d'une façon plus constante* » (Eth III, 31).

S-2-3 : le prosélytisme

« *Chacun, autant qu'il peut, fait effort pour que chacun aime ce qu'il aime lui-même et pour que chacun ait en haine ce qu'il hait lui-même ; nous voyons ainsi que chacun cherche par nature à ce que les autres vivent selon sa propre complexion* » (Eth III, 31, Corollaire).

S-2-4 : le conflit

« *Nous voyons donc ainsi que chacun, par nature, désire que les autres vivent selon sa propre constitution, mais comme tous désirent la même chose, tous se font également obstacle, et parce que tous veulent être loués ou aimés par tous, ils se tiennent tous réciproquement en haine* » (Eth III, 31, Scolie).

Pour Spinoza, c'est notre soumission naturelle aux affects qui résultent de nos rencontres avec les causes extérieures qui est la cause de notre impossibilité à trouver un état de « bonheur » stable :

« *On voit par-là que nous sommes agités en mille façons par les causes extérieures ; et, comme les flots de la mer soulevés par des vents contraires, notre âme flotte entre les passions, dans l'ignorance de l'avenir et de sa destinée.* » (Eth III, avant l'Appendice)

C'est pourquoi il se doit d'étudier cette servitude.

4. La quatrième partie : « De la servitude humaine »

Spinoza y montre que la condition humaine est essentiellement servitude et impuissance, l'homme étant soumis aux causes extérieures qui le ballottent de sentiments en sentiments contradictoires tout au long de son existence. L'homme, degré de puissance, ne produit en réalité que très rarement des effets qui proviennent véritablement de sa nature propre. Il est essentiellement passif. Par exemple, un jeune qui entame des études dans le seul but de plaire aux exigences parentales, est dans la passivité ; il est dirigé par une cause extérieure à lui-même.

Nous ne développerons pas cette partie, ni la suivante où Spinoza expose sa solution pour la libération de cette servitude et la marche vers la sagesse :

5. La cinquième partie : « De la Puissance de l'Entendement ou de la Liberté Humaine »

Être libre, nous l'avons vu à propos de la Nature, c'est agir par la seule nécessité de sa propre complexion. Est donc libre celui qui produit des effets dont il est la véritable cause. Dans l'exemple précédent, notre jeune est libre s'il entame des études qui lui correspondent vraiment. Il passe alors de la passivité à « l'activité ». Dans cette dernière partie, Spinoza montre comment l'homme peut développer sa puissance de comprendre afin de se rendre de moins en moins passif, de plus en plus actif.

Remarquons qu'agir selon sa propre complexion, c'est-à-dire selon sa personnalité véritable, exige de connaître celle-ci. L'étude de notre ouvrage se justifie pleinement du point de vue éthique proposé par Spinoza car elle peut favoriser la « bonne » conduite de notre vie. En réalité, dans le cadre d'une philosophie pratique orientée vers la recherche d'une « vie bonne », cette étude est la seule qui importe vraiment :

« *Connais-toi toi-même et tu connaîtras l'univers et les dieux.* » (Inscription placée sur le fronton du temple de Delphes consacré à Apollon)

« *Il est risible de s'occuper d'autres choses quand on s'ignore soi-même.* » (Platon)

« *Il ne mène pas la vie d'homme qui ne s'interroge pas sur lui-même.* » (Platon)

« Etudier le Dharma de Bouddha c'est s'étudier soi-même. » (Maître Dogen)

« Il faut se connaître soi-même ; quand cela ne servirait pas à trouver le vrai, cela sert au moins à régler sa vie : il n'y a rien de plus juste » (Pascal)

« Tous les problèmes philosophiques convergent vers ce problème suprême, celui de la personnalité, qui apparaît comme le centre autour duquel toute la philosophie gravite. » (Bergson)

« Ce « moi » que j'ai passé ma vie à étudier. » (Bergson)

Jean-Pierre & Mikhaël Vandeuren

TROISIEME CHAPITRE

Théorie générale de la personnalité

Dans ce chapitre nous atteignons l'objectif que nous nous étions fixés dans l'introduction : la construction d'une théorie générale de la personnalité.

En voici les étapes :

1. nous avons d'abord délimité clairement ce que nous allons construire et pour cela, il était nécessaire de mettre en évidence, dans le cadre spinoziste utilisé, le lien entre individualité et personnalité et la façon de trouver les dispositions que comprendra celle-ci ;

2. le deuxième paragraphe procède alors à la découverte de ces dispositions, dont l'ensemble est la personnalité ;

3. le paragraphe suivant munit cet ensemble d'une structure et, enfin,

4. le dernier paragraphe montre que notre théorie satisfait la définition générale adoptée dans le premier chapitre et généralise les théories historiques qui y sont passées en revue.

Jean-Pierre & Mikhaël Vandeuren

 og 178 &

I. Délimitation

La tâche centrale à laquelle est vouée la psychologie, qu'elle soit théorique, expérimentale ou appliquée, est la compréhension du comportement humain individuel, cognitif, affectif et actif (les pensées, les sentiments et les actes posés).

Nous avons vu que la théorie de l'Ethique définit clairement la notion d'individu, et cela de deux façons équivalentes, par le biais de ce que Spinoza nomme l'essence individuelle, cinétique, comme rapport de mouvement et de repos entre un très grand nombre de parties et dynamique, comme degré de puissance, pouvoir d'être affecté et d'affecter, cette dernière, pour un individu en vie, s'appelant Conatus ou Désir.

La tâche de la psychologie est alors, à propos d'un individu donné, de cerner le plus précisément possible l'ensemble des caractéristiques qui constituent l'originalité, l'unicité de celui-ci, soit ce qui est appelé son « individualité ». Dans le premier chapitre, nous avons signalé que la connaissance idéale complète de cette individualité porte les noms savants de « idiologie », « idiographie » ou « idiosyncrasie » (tous ces termes portent le préfixe « idio » qui signifie « propre », « particulier »). Nous ne pouvons évidemment qu'espérer nous approcher le plus possible de cette connaissance idéale, car, comme l'affirme élégamment Proust, « *une personne est une ombre où nous ne pouvons jamais pénétrer.* » Mais nous pouvons développer des outils pour éclairer un peu cette ombre.

L'essence d'un individu existant étant définie par son Désir et celui-ci étant un effort de constitution d'un soi, nous pouvons insérer cette notion d'individualité au sein de la théorie de l'*Ethique* en adoptant la

<u>Définition</u> : A propos d'un individu, son *individualité* est le principe d'unification qu'est son Désir qui le propulse par l'action dans l'avenir et, portant ses dispositions innées et son passé (son histoire), constitue son présent.

Pour approcher cette individualité, nous allons devoir trouver des facteurs à la fois communs à tous les individus et aptes à les distinguer les uns des autres dans les trois dimensions du comportement. Par analogie, on peut penser aux facteurs physiques mesurables qui permettent de caractériser chacun de nous : la taille, le poids, la couleur des cheveux, des yeux, …

L'ensemble structuré constitué par l'application de ces facteurs à un individu porte le nom de *personnalité* de cet individu.

La personnalité est, dans les termes de Spinoza, un « être de raison » (voir le chapitre précédent) qui permet d'évaluer l'individualité de quelqu'un, comme le temps est un être de raison qui permet d'évaluer une durée. La personnalité n'a donc pas d'existence réelle, seul l'individu en a.

Comment trouver ces facteurs universels ?

D'une part, comme ils devront cerner une individualité, ils devront pouvoir caractériser les dispositions innées (le caractère), tenir compte de l'histoire personnelle et orienter le futur.

D'autre part, leur tâche sera de comprendre le comportement individuel (et pouvoir, dans une certaine mesure, le prédire).

Mais la théorie de l'*Ethique* nous fournit un outil précieux pour décrire le processus des comportements :

Le cycle génétique des passions de base (voir BOPS I-2-1 dans le deuxième chapitre):

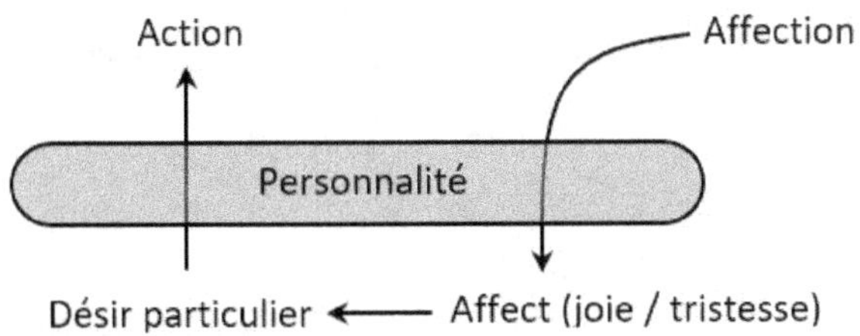

Dans ce cycle, la personnalité est vue comme la puissance individuelle d'être affecté par une chose qui nous affecte dans une situation donnée (un morceau de musique que nous écoutons, une bousculade que nous subissons, un mets que nous goûtons, …) et la puissance d'affecter notre entourage afin de satisfaire les désirs particuliers éventuellement nés de cette affection.

Les facteurs que nous cherchons doivent donc caractériser les façons universelles (applicables à tous les individus) d'être affectés et d'affecter. Ces façons dépendent de nos aptitudes innées, dont certaines peuvent être affinées, et des valeurs que nous acquérons au cours de notre histoire et qui guident nos actes, orientant notre avenir et constituant notre présent.

II.   Constituants de la personnalité

Rappelons la définition de la personnalité que nous avons développé dans le premier chapitre :

« La personnalité est l'ensemble structuré des dispositions innées et des dispositions acquises sous l'influence de l'éducation, des interrelations complexes de l'individu dans son milieu, de ses expériences présentes et passées, de ses anticipations et de ses projets.

Cet ensemble détermine les points communs et les différences du comportement psychologique – pensées, sentiments et actions – des gens, comportement qui présente une continuité dans le temps et ne peut être aisément attribué aux seules pressions sociales et biologiques du moment. »

Nous avons donc des dispositions innées et des dispositions acquises, que nous appellerons *valeurs*, qui constituent notre personnalité.

Une chose qui nous affecte (une parole, un geste, un souvenir, …), avant de se transformer en affect, va d'abord être filtrée par notre puissance d'être affecté : être évaluée à l'aune de nos propres valeurs (une caricature de Mahomet ne va pas offusquer un athée) et de notre disposition innée d'être affecté.

Nous pouvons donc faire cette distinction dans notre cycle génétique des passions de base :

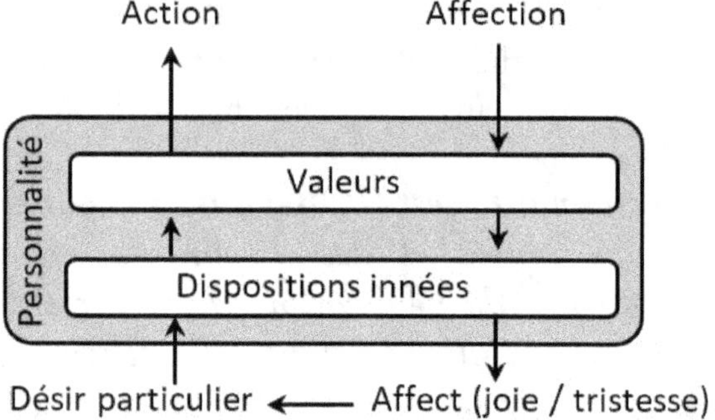

Toujours dans notre premier chapitre, nous avons vu que les différentes dispositions envisageables sont les suivantes :

- somatiques (ou neurobiologiques),
- affectives,
- spirituelles,
- cognitives,
- comportementales (activités),
- socioculturelles et d'aptitudes (physiques, intellectuelles, sociales).

Pour répondre à ces différentes disposition, en plus des valeurs, nous allons décortiquer les dispositions innées en 4 dispositions distinctes mais pas indépendantes.

Une chose qui nous affecte va donc d'abord être filtrée par notre puissance d'être affecté : être évaluée à l'aune de nos propres valeurs et de notre aptitude naturelle d'organiser le réel (Formes d'Intelligence -

FI) (un individu sourd ne sera pas ému par un morceau de musique), ressentie avec plus ou moins d'intensité (Emotivité - E) et laisser une trace affective plus ou moins persévérante (Retentissement - R).

Un affect de joie va engendrer un désir de le conserver et de l'accroître, tandis que nous allons désirer éloigner un affect de tristesse (voir BOPS I-2-2). Mais pour ce faire, il va nous falloir poser des actes. Le passage à l'acte peut être naturellement facile ou plus difficile (Activité - A) et la manière de les poser sera influencée par nos formes d'intelligence (FI) et nos valeurs.

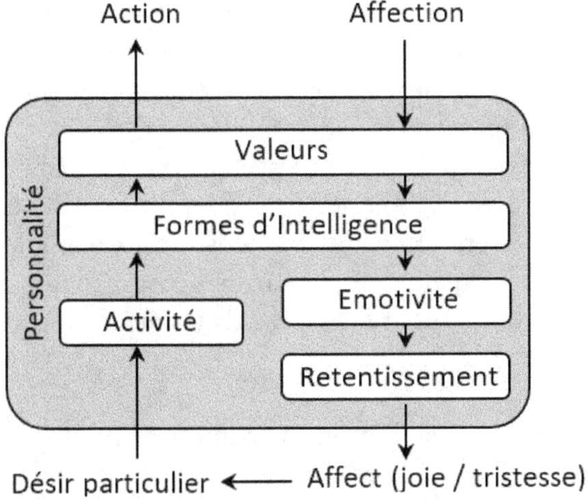

Parcourons ces divers facteurs qui sont autant de dispositions, innées (E, A, R et FI) et acquises (valeurs).

1.   *Les dispositions innées*

Les dispositions innées forment le caractère.

Les facteurs E, A, R sont repris de la caractérologie de Heymans-Wiesma-Le Senne (voir le deuxième chapitre) tandis que les Formes d'Intelligence (FI) sont inspirées de Howard Gardner.

Les facteurs « intensifs » : E, A, R

L'émotivité (E)

L'*Ethique* définit le concept d'affect (sentiment) mais pas celui d'émotion dont chacun a une compréhension intuitive mais qui n'est jamais clairement défini. Par émotion, on entend étymologiquement ce qui nous émeut, c'est-à-dire ce qui, de l'extérieur, nous pousse au mouvement, à agir. Comme il s'agit d'une force, on a naturellement tendance à en privilégier l'intensité : on est plus ou moins ému par un événement, peu importe que celui-ci soit joyeux ou triste. Cela distingue l'émotion de l'affect.

Nous définirons l'émotion comme l'intensité d'un affect.

L'émotivité désignera l'aptitude à s'émouvoir facilement, à réagir vivement aux stimuli même très faibles.

« *Au sens le plus général, l'émotivité mesure la sensibilité à l'ébranlement d'un psychisme individuel, que la source de l'ébranlement soit interne ou externe. On pourrait aussi la nommer irritabilité psychique, par analogie avec les propriétés de la matière vivante.* » (Emmanuel Mounier)

On peut juger vaguement de l'émotivité d'un individu, mais il est possible de jauger plus finement cette aptitude au moyen d'un questionnaire.

Comme la taille, l'émotivité est une variable continue, mais en pratique, on peut la reporter sur une échelle discrète de 1 à 9, de presque pas (1) à extrêmement (9) émotif, en passant par une moyenne de 5. Cette évaluation s'obtient en prenant la moyenne des notes obtenues sur un certain nombre de questions en lien avec les émotions de l'individu que l'on considère. Un tel questionnaire est un guide pratique utilisable en tests réels, mais aussi dans l'évaluation de l'émotivité des personnages historiques sur base de leur biographie ou de leurs dits ou écrits, notamment leurs journaux intimes, s'ils existent. Cela s'applique aussi à l'analyse des personnages de romans.

Voici une question typique (Si l'individu se classe dans le premier cas, son score est de 9, dans le second de 1) :

Prenez-vous très à cœur de petites choses dont vous savez qu'elles sont sans importances ?

Ou n'êtes-vous troublé que par des évènements que vous jugez graves ?

Par exemple, Rousseau écrit quelque part dans les *Confessions* :

« *Mes passions m'ont fait vivre et mes passions m'ont tué. Quelles passions dira-t-on ? Des riens, les choses du monde les plus puériles, mais qui m'affectaient comme s'il se fût agi de la possession d'Hélène ou du trône de l'univers.* »

Sans conteste, si Rousseau était amené à réponse à la question ci-dessus, il choisirait la première possibilité.

On qualifie un individu d'émotif (E) s'il a un score supérieur à 7.5 et de non-émotif (nE) si son score est inférieur à 2.5.

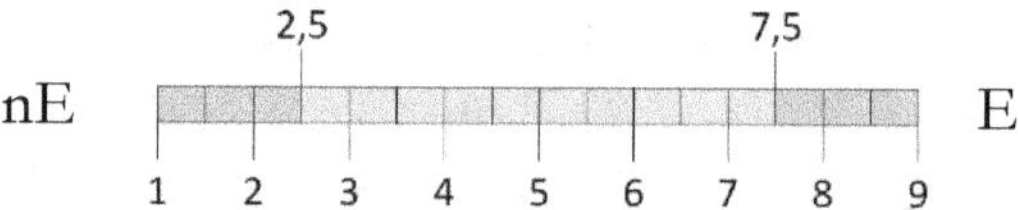

Rousseau est un individu émotif.

De même, Pascal est un très grand émotif, à la « *sensibilité d'écorché vif* » selon les termes de sa sœur aînée Gilberte qui lui a consacré une biographie.

L'émotivité est donc une disposition universelle (tout homme est émotif) mais qui nous distingue des autres (chacun l'est différemment). Remarquons, et la question proposée y prend garde, que l'évaluation de l'émotivité se fait sur base des valeurs adoptées par l'individu. Quelqu'un détaché des valeurs matérielles ne sera que peu ému par une perte d'argent même conséquente, alors qu'un avare le sera profondément par une perte même minime. C'est pourquoi il importe de considérer l'ensemble des dispositions et de munir celui-ci d'une loi de composition entre ces éléments : la personnalité est une structure.

L'activité (A)

Lorsqu'une chose extérieure nous affecte et qu'elle provoque en nous un sentiment de joie ou de tristesse, nous allons naturellement vouloir conserver cette joie ou éloigner cette tristesse et donc devoir poser des actes. Par exemple, si nous sommes séduits par une idée particulière, disons l'allocation universelle, nous allons devoir approfondir le sujet, nous documenter, acheter des livres, lire des articles, éventuellement militer pour sa réalisation. Si nous recevons un avis de redressement fiscal avec lequel nous sommes en désaccord, il nous faudra lutter pour éviter cette imposition désagréable et estimée injuste.

Ce passage à l'acte est effectué avec une plus ou moins grande facilité selon les individus.

L'activité désigne l'aptitude à se mouvoir facilement, à poser des actes avec facilité même dans les circonstances les plus banales.

A nouveau, on peut évaluer cette aptitude assez finement au moyen de questions, dont en voici un exemple type :

Comment occupez-vous vos heures de loisirs :

Etudes complémentaires, actions sociales, bricolages, travaux manuels et généralement tout travail non imposé ? (score de 9)

Ou en profitez-vous pour prendre vos aises (longs repas, promenades, sports) ? (score de 5)

Ou vous ne faites rien, vous lisez des romans, vous regardez la télévision ? (score de 1)

Par exemple, on lit dans le journal intime de Maurice de Guérin, poète et écrivain français (1810 -1839) :

« J'ai chômé dans l'inaction la plus complète mes six semaines de vacances. A peine pour rompre l'uniformité du farniente, faisais-je quelque lecture nonchalante, étendu sous un arbre, et encore plus de la moitié de mon attention était-elle emportée par une brise ou un oiseau filant à travers les bois, par le chant d'un merle ou d'une alouette, que sais-je ? »

Maurice de Guérin aurait certainement obtenu un score de 1 à la question précédente.

Les signes qui révèlent l'activité sont les occupations où l'individu intervient énergiquement par lui-même : lecture studieuse, crayon en main ; réflexion qui aboutit soit à un plan d'action, soit à une rédaction, sports avec objectifs bien définis, bricolages non nécessaires ni urgents, …

Un individu qui obtient une moyenne de scores supérieure à 7.5 est qualifié d'actif (A) ; si son score est inférieur à 2.5, il est dit non actif (nA).

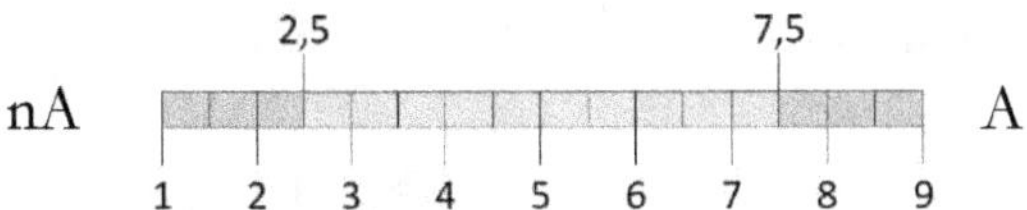

Maurice de Guérin est un nA.

A l'opposé, Pascal est un grand actif : il fait, il construit, il organise, et cela dans tous les domaines sur lesquels se porte son attention.

Le Retentissement (R)

Lorsque nous subissons une insulte, la plupart d'entre nous sommes plus ou moins offensés en fonction de notre émotivité, mais quel que soit l'intensité de ce sentiment, il peut nous accompagner durant une durée dont la longueur, le temps varie aussi entre les individus. Ce temps durant lequel nous continuons à ressentir les effets de nos affections se nomme le retentissement. Cette disposition raffine BOPS T1 et T2 (voir le chapitre précédent).

Un individu qui montre une propension à établir des projets à long terme et à privilégier l'avenir par rapport au présent, est sujet sans doute à un retentissement important.

Le retentissement désigne donc l'aptitude à ressentir durablement les effets des idées ou des affections (les affects).

Encore une fois, cette disposition peut s'évaluer au moyen de questions, comme celle-ci :

Êtes-vous constants dans vos projets ? En général, achevez-vous ce que vous avez commencé ? (Score de 9)

Ou abandonnez-vous souvent une tâche avant qu'elle ne soit terminée ? (Score de 1)

Ainsi, Benjamin Constant avouant : « *Je partageais mon temps entre des études que j'interrompais souvent, des projets que je n'exécutais pas, des plaisirs qui ne m'intéressaient guère* », ne semble pas très constant (!) et aurait obtenu un score de 1 à cette question.

Un score moyen supérieur à 7.5 à un certain nombre de questions pertinentes concernant cette disposition la qualifie à fort retentissement (R), tandis qu'un bas score la classe à faible retentissement (nR).

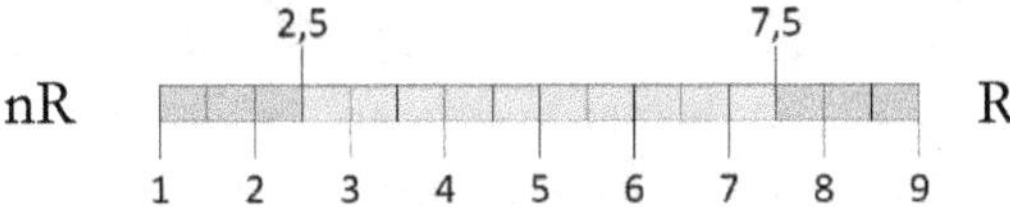

Benjamin Constant est sujet à un faible retentissement (nR).

Ici aussi, à l'opposé Pascal subit un grand retentissement qui se révèle en particulier par son attachement aux traditions : « *Toute la suite des hommes, pendant le cours de tant de siècles, doit être considéré comme un même homme qui subsiste toujours et qui apprend continuellement.* »

Le facteur intensif et hiérarchique :

Les Formes d'Intelligence (FI)

On doit à Howard Gardner la mise en évidence de huit (ou neuf) formes d'intelligence. Mais, encore une fois, que recouvre exactement ce mot « intelligence » ? Quand on demandait à Alfred Binet, l'inventeur du célébrissime test du QI (Quotient Intellectuel), il répondait par une boutade : « *c'est ce que mesure mon test !* » Mais était-ce vraiment une boutade ou plutôt une esquive ?

Quelle est la définition adoptée par Gardner lui-même ?

D'entrée de jeu, Gardner avoue qu'il abuse du terme « intelligence » car c'est un concept complexe à définir qui réfère à des notions de biologie, de chimie mais aussi à des aspects philosophique et psychologique. Il l'utilise pour frapper l'imagination, parce que c'est un terme commode mais il hésite à le définir et propose plutôt un éventail de huit ou neuf de ses manifestations en lien avec une base biologique. Dans chacune de ces manifestations, l'intelligence correspond à une capacité à résoudre des problèmes ou à produire des biens, de différentes natures ayant une valeur dans un contexte culturel ou collectif précis. Ce n'est pas une définition et cette capacité n'est nullement l'apanage de l'homme puisqu'elle peut aussi s'appliquer à une machine-outil.

De plus le choix de Gardner pour ses différents types d'intelligence n'a pas de base scientifique.

Nous ne pouvons pas nous contenter de cette approximation. La première démarche intellectuelle est une délimitation. Il importe de délimiter exactement l'objet de notre recherche. Si nous parlons de l'intelligence, il faut en disposer d'une définition précise, sinon nous serons condamnés à terme à l'imprécision, la confusion et l'erreur, comme y insiste Spinoza, dans l'extrait que nous avons déjà cité : « *Par ailleurs, la plupart des erreurs viennent de ce que nous n'appliquons pas convenablement les noms des choses.* » (Eth II, 47, Scolie).

Au départ, le réel, la Nature, qui peut être considérée comme un vaste réseau de connexions causales (voir le deuxième chapitre), se présente à nous plutôt sous la forme d'un chaos et, pour y (sur)vivre nous devons l'organiser d'une certaine manière et, ce faisant, aussi lui donner un sens pour nous, c'est-à-dire établir un lien entre elle et nous. Heureusement, pour ce faire, nous disposons d'un outil bien développé, l'intellect, dont l'utilisation se nomme l'intelligence. Plutôt que le feu, cet outil est le vrai cadeau de Prométhée au genre humain.

D'ailleurs, étymologiquement, intelligence provient de la connexion des deux mots « intel » et « legere », littéralement re-lier. Mais ce lien peut s'effectuer sous diverses formes suivant la façon personnelle dont nous *com-prenons* les choses, la façon dont nous les « prenons avec nous », avec laquelle nous nous les intégrons. Et ces façons sont fonction des angles que nous privilégions naturellement : nos propres affects, nos relations aux autres, l'espace, le mouvement, etc.

Nous sommes ainsi amener à adopter la définition de l'intelligence :

Une *intelligence* est une fonction mentale d'organisation du réel en pensées et en actes, organisation qui dépend du type de liens que nous privilégions avec ce réel.

Au vu de cette définition il y a donc bien lieu de parler de types ou de formes d'intelligences (FI) plutôt que de l'intelligence au sens large.

Ces différentes formes d'intelligences peuvent se traduire comme des aptitudes de notre cerveau à réaliser différentes tâches. Une aptitude pour telle ou telle tâche se traduit physiquement par un réseau plus dense de neurones dans la partie du cerveau exploitée pour réaliser la tâche en question.

L'étude de ces aptitudes revient à se demander quels types de liens un humain établit avec le monde qui l'entoure, sous quels angles il peut l'aborder et le comprendre.

Répertorions à présent, de manière critique, les différents types d'intelligence selon Garner :

- *Intelligence intrapersonnelle :*

Le monde affecte notre humain et il en éprouve des sentiments. Il peut donc décider d'effectuer le lien avec le monde via ses affects, essayer de le comprendre et de l'organiser en se comprenant lui-même : c'est un type d'intelligence qualifiée d'intrapersonnelle. Elle est tournée vers l'intérieur de l'individu et inclut la capacité de se comprendre soi-même, d'avoir une idée précise de sa propre vie émotive, de la coder ou décoder symboliquement et de s'en servir comme d'un guide pour son comportement. Dans sa forme la plus primitive, l'intelligence intrapersonnelle se réduit à la capacité à distinguer un sentiment de plaisir d'un sentiment de chagrin et, sur la base d'une telle discrimination, à s'impliquer davantage dans une situation ou à s'en dégager davantage.

Sous cette appellation « Intelligence intra-personnelle », nous pouvons distinguer le travail de quatre aires distinctes du cerveau :
1. Cortex préfrontal : intégration des émotions pour la prise de décision.
2. Cortex cingulaire antérieur : prise de conscience des émotions et des conflits internes.
3. Insula : perception des sensations internes viscérales.
4. Amygdale : production d'émotions.

- *Intelligence interpersonnelle :*

Animal grégaire, l'homme est nécessairement en contact avec les autres et son lien avec le monde peut se faire via son lien avec ses semblables : intelligence interpersonnelle ou sociale. Elle est bâtie sur une capacité centrale à repérer ce qui distingue les individus. Elle inclut la capacité de coopérer avec les autres et de les comprendre, de distinguer leurs humeurs, caractères, tempéraments, motivations, intentions. Dans ses formes plus élaborées, cette intelligence permet à un adulte de déceler les projets et les désirs de l'autre, même s'ils sont dissimulés.

Les aires du cerveau impliquées dans ce type d'intelligence sont :
1. Sillon temporal supérieur
2. Jonction temporo-pariétale
3. Les neurones miroirs

- *Intelligence kinesthésique :*

Le corps permet à l'homme de se mouvoir et d'agir sur le monde. Privilégiant ce mouvement, l'intelligence est dite kinesthésique. Elle se manifeste par l'intelligence du corps, par l'aptitude à utiliser son corps pour reproduire, imiter ou effectuer des gestes. De toutes les utilisations du corps, la danse est celle qui s'est exprimée de la façon la plus variée dans les différentes cultures. Mais on utilise aussi des parties du corps, surtout la main, pour manipuler, arranger et transformer les objets du monde. Tournée vers l'intérieur, l'intelligence corporelle se limite à l'exercice du corps, tournée vers l'extérieur, elle entraîne des actions physiques sur les objets. La faculté d'utiliser son corps pour exprimer une émotion, pour pratiquer un sport ou pour produire un nouveau bien atteste l'existence de composantes cognitives de l'usage du corps.

Les aires du cerveau impliquées dans ce type d'intelligence sont :
1. Cortex moteur : planification des mouvements, anticipation.
2. Cortex sensoriel : perception du corps dans ses détails, selon un schéma cohérent.
3. Neurones miroirs : apprentissage par observation et imitation, décodage des intentions derrière les gestes.
4. Noyaux gris centraux : apprentissage moteur.
5. Cervelet : coordination, précision, mouvements fins, contrôle des postures.

- *Intelligence linguistique ou verbale :*

Si le lien privilégié se fait via le langage qui permet d'influencer les autres et donc aussi d'agir sur le monde, l'intelligence est qualifiée de linguistique ou verbale. L'aptitude linguistique s'exprime peut-être dans sa plus grande plénitude à travers l'œuvre du poète : la sensibilité à la signification des mots, la sensibilité à suivre les règles de la grammaire et, en des occasions soigneusement choisies, à les violer, la sensibilité aux sons, rythmes, inflexions et mètres et la sensibilité aux différentes fonctions du langage — son potentiel à animer, convaincre, stimuler, transmettre une information, fournir des explications, y compris sur son propre fonctionnement, ou simplement plaire. Même si nous ne sommes pas tous des poètes, la plupart d'entre nous possèdent ces sensibilités à un degré significatif. L'aptitude linguistique semble être la compétence intellectuelle la plus largement partagée par l'espèce humaine et a été la forme d'intelligence la mieux étudiée.

Les aires du cerveau impliquées dans ce type d'intelligence sont :
1. Cortex frontal et cortex temporal : traitement des verbes et des noms.
2. Gyrus angulaire et temporal supérieur de l'hémisphère gauche : perception et analyse des sons du langage.

* *Intelligence logico-mathématique :*

Si notre humain recherche à comprendre les choses comme effets de causes, son intelligence sera dite logico-mathématique. Elle s'exprime par la capacité non verbale de résoudre des problèmes logiques ; on s'y réfère souvent en tant que capacités intellectuelles de déduction ou pensée scientifique. Le mathématicien, comme le peintre ou le poète, est un auteur de modèles. Il doit avoir une attitude de rigueur absolue et de scepticisme perpétuel : il ne doit accepter aucun fait sans l'avoir rigoureusement démontré. Le raisonnement logico-mathématique constitue la base des tests du QI. Nous devons l'essentiel de notre compréhension de cette forme de l'intelligence à Jean Piaget.

Les aires du cerveau impliquées dans ce type d'intelligence sont :
1. Cortex pariétal avec sillon intrapariétal : sens du nombre.

2. Cortex préfrontal : raisonnement logique, déduction.
3. Réseau fronto-pariétal : raisonnement logique, déduction, syllogismes.

- *Intelligence musicale :*

Si les sons sont privilégiés on parlera d'intelligence musicale. Elle est centrale dans l'expérience humaine, bien que l'on puisse s'en passer pour communiquer ; elle s'exprime dans la perception et la production de musique. Les éléments les plus importants qui la constituent sont la hauteur — ou la mélodie — le rythme et le timbre, les caractéristiques du ton. La musique transmet des émotions ou, en tous cas, capte des formes de sentiments.

Les aires du cerveau impliquées dans ce type d'intelligence sont :
1. Lobe temporel supérieur et postérieur droit : perception des timbres.
2. Hippocampe : mémorisation des mélodies et restitution.
3. Noyau cochléaire, tronc cérébral, cervelet : écouter des sons et battre la mesure.
4. Cortex frontal : anticipation, résolution des attentes musicales, capacité à battre la mesure.
5. Cortex auditif primaire (gyrus de Heschl) : discrimination des hauteurs de sons, analyse des mélodies.

- *Intelligence spatiale :*

Si c'est l'espace, l'intelligence est dite spatiale. Elle s'exprime par la capacité de percevoir le monde visuel de façon précise et d'exécuter des transformations et des modifications sur ses perceptions initiales, de recréer des aspects d'une expérience visuelle — même en l'absence d'un stimulus physique pertinent. Elle comprend un grand nombre de capacités plus ou moins reliées les unes aux autres : l'aptitude à reconnaître le même élément sous différents angles, l'aptitude à reconnaître une transformation d'un élément dans un autre, la capacité à produire une représentation graphique ressemblante d'une information spatiale, et ainsi de suite. Ces aptitudes ne sont pas identiques, un individu peut être fort en matière de perception visuelle, mais n'avoir que peu d'aptitudes à dessiner ou à transformer un monde imaginaire. Bien qu'étroitement liée à la vision, l'intelligence spatiale peut se développer chez un individu qui est aveugle.

Les aires du cerveau impliquées dans ce type d'intelligence sont :
1. Cortex pariétal : se repérer par rapport à soi, se rappeler du trajet que l'on a réalisé.
2. Axe occipito-pariétal : localisation d'objets et de scènes. (répondre à la question : où ?)
3. Hippocampe : repérage extérieur à soi. Visualiser un trajet sur une carte, sens de l'orientation.
4. Axe occipito-temporal : Identification des objets et des scènes. (répondre à la question : quoi ?)

- *Autres intelligences ?*

Au cas où l'individu ente en résonnance avec le monde via la nature elle-même, on parlera d'intelligence naturaliste. Elle concerne la capacité d'établir des classifications dans la nature : distinguer les différences entre telle ou telle plante, tel ou tel animal, par exemple. Ce type d'intelligence n'a pas pu être confirmée par les neurosciences. Il semblerait que ce soit de l'intelligence logico-mathématique appliquée au vivant.

Enfin, si ce sont les questions existentielles qui guident notre esprit (spiritualité, religion), l'intelligence est qualifiée d'existentielle. Cette dernière et neuvième forme d'intelligence répertoriée par Garner n'a pas non plus été confirmée par les neurosciences. Il est probable que cette intelligence soit une capacité de l'intelligence logique en lien avec la capacité d'introspection de l'intelligence intrapersonnelle.

- *Intelligence organisatrice*

Nous possédons tous, à des degrés divers, de façon quasi innées (quoique certaines peuvent n'apparaître que tardivement et que toutes peuvent se développer) ces différentes formes d'intelligence, mais que nous privilégions certaines d'entre elles et que ces privilèges peuvent varier au cours de l'existence. L'intelligence qui permet de jongler avec ses différentes intelligence, cette « méta-intelligence » se nomme l'intelligence organisatrice. Cette intelligence à une fonction d'arbitrage, elle va permettre par exemple de résister à la tentation de résoudre un problème mathématique avec des mots ou bien d'inhiber ses propres croyances pour activer celle d'autrui dans l'intelligence interpersonnelle et comprendre le point de vue des autres.

Cette capacité de variation des intelligences est un moyen d'explication de changement de comportements au cours d'une vie, c'est-à-dire d'évolution dans la personnalité.

Au niveau de la différenciation des individus entre eux il y a ici deux types de discrimination : l'intensité de chaque type d'intelligence et leur hiérarchie. On peut avoir ou avoir développé plus ou moins un type d'intelligence, par exemple kinesthésique pour les athlètes, linguistique pour des orateurs, mais aussi préférer tel type plutôt que tel autre.

Par exemple, Blaise Pascal était un génie, au sens où il possédait des types d'intelligence d'intensité très élevées, mais il semblait, en plus, les posséder toutes, hormis la musicale, à un niveau très élevé :

- logico-mathématique (il a démontré de nombreux théorèmes non triviaux, a inventé la théorie des probabilités),
- kinesthésique (ces découvertes théoriques étaient la plupart du temps accompagnées d'applications pratiques, comme l'invention de la première machine à calculer),
- linguistiques (ses écrits restent des modèles pour la langue française),

- existentielle (il en était littéralement torturé),
- naturaliste (il était un grand physicien, auquel on doit d'importantes découvertes, dont certaines sur le vide et la pression atmosphérique),
- intrapersonnelle et interpersonnelle (ses *Pensées* en sont le meilleur exemple),
- spatiale (voir ses découvertes en géométrie).

Il semblerait cependant que dans la hiérarchie de ses intelligences, dans la première partie de sa vie, l'ordre décroissant devait être le suivant : logico-mathématique et spatiale – kinesthésique – naturaliste, suivie des autres, soit une disposition essentiellement scientifique. Plus tard, les préoccupations religieuses prirent le pas sur les scientifiques et l'ordre décroissant privilégié devint existentielle – linguistique (ses dits et ses écrits devant soutenir ses convictions religieuses) – logico-mathématique (le raisonnement rigoureux gouverne ses écrits), les autres formes étant alors plus ou moins délaissées. Notre modèle permet ainsi d'expliquer le changement radical de comportement de Pascal, son basculement du comportement principalement guidé par la science dans des attitudes essentiellement orientées vers la religion, basculement qui arrachera ce cri à Nietzsche : « *Pascal est l'exemple le plus déplorable du tort que peut causer la religion* ». Le changement de hiérarchie dans les intelligences privilégiées n'est évidemment pas une explication causale, mais un point de vue descriptif alternatif.

Quelle fut la cause de ce basculement pascalien de la passion scientifique à la passion religieuse ?

Nous allons y revenir plus tard car cette recherche nécessite l'intervention des interactions entre toutes les dispositions de la personnalité.

2.   *Les dispositions acquises*

Les dispositions acquises sont les valeurs.

L'homme, doit acquérir les connaissances qui lui seront utiles pour vivre et ces acquisitions sont l'objet d'un très long processus d'apprentissage au sein de sa famille, de son école et de sa société. En terme spinoziste, on dira qu'au départ le Désir d'un individu humain n'a pas d'orientation spécifique, il est indéterminé. C'est ainsi qu'au fur et à mesure de son éducation et de son instruction il va intégrer les diverses valeurs qui vont le guider tout au long de sa vie.

Mais que faut-il entendre par ce terme de « valeur » ? Assurément c'est ce que nous voulons poursuivre, ce que nous considérons comme « bien ». « Valeur » et « bien pour nous » sont des dénominations différentes pour un seul et même concept : ce qui nous est désirable, objet de notre Désir.

La question devient donc : que doit-on appeler « bien », et corrélativement « mal », pour un individu ?

Spinoza nous propose sa réponse en Eth III, 39, Scolie :

« Par bien, j'entends ici tout genre de joie et tout ce qui peut y conduire, particulièrement ce qui satisfait un désir quel qu'il soit ; par mal, tout genre de tristesse, et particulièrement ce qui prive un désir de son objet. Nous avons en effet montré plus haut (dans le Schol. de la Propos. 9, partie 3) que nous ne

désirons aucune chose par cette raison que nous la jugeons bonne, mais au contraire que nous appelons bonne la chose que nous désirons ; et en conséquence, la chose qui nous inspire de l'aversion, nous l'appelons mauvaise ; de façon que chacun juge suivant ses passions de ce qui est bien ou mal, de ce qui est meilleur ou pire, de ce qu'il y a de plus excellent ou de plus méprisable. Ainsi, pour l'avare, le plus grand bien, c'est l'abondance d'argent, et le plus grand mal c'en est la privation. L'ambitieux ne désire rien à l'égal de la gloire, et ne redoute rien à l'égal de la honte. Rien de plus doux à l'envieux que le malheur d'autrui, ni de plus incommode que son bonheur ; et c'est ainsi que chacun juge d'après ses passions telle chose bonne ou mauvaise, utile ou inutile. »

Ainsi, il y a identification entre « valeurs » et « joies ». Et comme il y a aussi identification entre « joies » et « désirs qui visent à conserver et accroître ces joies », car les unes ne vont pas sans les autres, il y a aussi identification entre « valeurs » et ces « désirs ». Il nous suffit alors de répertorier tous les types de désirs conduisant à des joies. Mais, nous objectera-t-on, ces désirs doivent être tellement nombreux qu'il serait illusoire de vouloir en établir une liste.

En fait, non, car il nous suffit de considérer les grandes orientations universelles dont chaque désir singulier n'est qu'un cas particulier. Et ces orientations sont, elles aussi, au nombre de neuf et chacune est associée directement ou indirectement à un affect mentionné dans l'*Ethique*. Nous attacherons une lettre ou un groupe de deux lettres majuscules à chaque orientation générale.

Un des sens du mot « intérêt » est « ce qui importe à quelqu'un ». Quels sont donc les « intérêts dominants » des individus ?

Il y a d'abord les intérêts les plus courants :

« *Les objets en effet qui se présentent le plus fréquemment dans la vie, et où les hommes, à en juger par leurs œuvres, placent le souverain bonheur, se peuvent réduire à trois, les richesses, la réputation, la volupté.* » (Spinoza, *Traité de la Réforme de l'Entendement,* § 3)

Autrement dit, les plaisirs des sens, les honneurs et les possessions matérielles :

- *Valeur : Sensualité (S)*

Un intérêt dominant pour les plaisirs corporels :
- nourriture (« *L'Intempérance est un Désir immodéré et un Amour des plaisirs de la table* » (Eth III, Définitions des Affects, 45)) ;
- boisson (« *L'Ivrognerie est un Désir immodéré et un Amour de la boisson* » (Idem, 46)) ;
- sexe (« *La Luxure est un Désir et un Amour de l'union des corps* » (Idem, 48)).

Le chantre de la sensualité est André Gide :

« *La sensualité… consiste simplement à considérer comme une fin et non comme un moyen l'objet présent à la minute présente.* »

« Il ne me suffit pas de lire que les sables des plages sont doux ; je veux que mes pieds nus le sentent. Toute connaissance que n'a pas précédé une sensation m'est inutile. »

« Combien de ce matin délicieux, de cette brume et de cette lumière, de cette fraîcheur aérée, de cette pulsation de ton être, la sensation te donnerait plus de délices encore, si tu savais t'y donner tout entier. »

« Mes émotions sont ouvertes comme une religion. Peux-tu comprendre cela : toute sensation est d'une présence infinie. »

Pascal, à l'opposé, ne possède que peu de sensualité. La biographie que lui a consacrée l'une de ses sœurs (Gilberte) révèle qu'il était absolument indifférent aux mets, même les plus raffinés. On ne lui connaît aucune relation intime. Et cette quasi indifférence à la sensualité est accentuée par le fait que, chrétien consciencieux du 17ᵉ siècle, il était très attentif au bien de son âme, bien qui nécessitait un penchant vers l'austérité, à la limite de l'ascèse.

- *Valeur : Matériel (M)*

Un intérêt dominant pour les possessions matérielles (*« L'Avarice est un Désir immodéré et un Amour des richesses »* (Idem, 47)).

L'opposition philosophique entre l'amour pour les richesses et sa haine s'est sûrement le mieux incarnée en celle entre Voltaire et Rousseau.

Voltaire et Rousseau étaient tous les deux partisans d'un régime républicain. Leurs idées ont eu une influence durable sur la Révolution française et sur la vie politique des siècles suivants. Pourtant ils n'ont cessé de se combattre et de se haïr, notamment à propos du luxe.

Pour Rousseau, le luxe, les sciences, les arts et le commerce, promus par les philosophes détruisent la vertu du citoyen.

La thèse de Rousseau dans le *Discours sur les sciences et les arts* (1750) est que la corruption des mœurs accompagne toujours le développement des sciences et des arts. Autrement dit, le luxe nourrit les inégalités et détourne les hommes de leur devoir. Il écrit : « *on a de tout avec de l'argent, hormis des mœurs et des citoyens* ». Le luxe prend racine dans une société lorsque les citoyens donnent libre cours à leurs désirs individuels de confort et de richesses. Ces désirs créent des inégalités entre les citoyens en plus d'affaiblir leur dévouement au bien commun.

Tout à l'opposé, Voltaire fait l'éloge du luxe.

Ce qui constitue le bonheur d'un individu ou d'une nation pour Voltaire, c'est un régime dans lequel les hommes vivent en paix les uns avec les autres, dans un certain confort matériel. C'est pourquoi, une société est d'autant plus libre et heureuse qu'elle est fondée sur le commerce au sens de l'échange économique.

Pour Voltaire, les arts rendent la vie plus belle et plus agréable. Ils doivent donc être cultivés. Selon lui, la grandeur et le bonheur d'une société se juge par l'état de ses arts. Or, le développement intellectuel et artistique n'existe que dans une nation prospère. L'abondance est la mère des arts selon Voltaire. C'est pourquoi le commerce est un moteur du progrès historique. De plus, le confort qu'il procure est en lui-même une source de bonheur. Il faut donc favoriser l'acquisition des richesses par le commerce.

Assez cruellement, Voltaire juge ainsi Rousseau : « *Si l'on entend par luxe tout ce qui est au-delà du nécessaire, le luxe est une suite naturelle des progrès de l'espèce humaine ; et, pour raisonner conséquemment, tout ennemi du luxe doit croire avec Rousseau que l'état de bonheur et de vertu pour l'homme est celui, non de sauvage, mais d'orang-outang.* »

- *Valeur : Honneur (H)*

Un intérêt dominant pour la reconnaissance par les autres (« *L'Ambition est un Désir immodéré de la Gloire qui est une Joie accompagnée de l'idée d'une action que nous imaginons louée par les autres* » (Idem, 44 et 30)). En terme plus moderne, H se nomme « désir de reconnaissance ».

Tout homme, dès son plus jeune âge, désire être reconnu, d'abord par ses parents, ensuite par ses professeurs et les autres élèves, enfin dans son milieu professionnel. Cette loi psychologique est soulignée dans l'explication qui suit la définition de l'Ambition : « *L'Ambition est un désir qui entretient et fortifie toutes les passions, et c'est pour cela qu'il est difficile de dominer cette passion, car en tant que l'homme est sous l'empire d'une passion quelconque, il est aussi sous l'empire de celle-là.* »

Ce Désir est probablement le plus acerbe chez les politiciens.

Le Désir de reconnaissance, ou l'Ambition de Gloire dans les termes spinozistes, connaît trois avatars : l'Ambition de Domination, qui peut se concrétiser par le recours à la force ou la négociation et le Conformisme. (Voir BOPS S-2-3 et S-2-1). On en déduit trois orientations universelles différentes :

- *Valeur : Honneur – Force (HF)*

Un intérêt dominant pour la reconnaissance par la force ((con)vaincre en s'imposant en force).

Les anglophones désignent cette tendance par l'expression « hard power » : le pouvoir de contraindre.

Alexandre le Grand et Napoléon en sont des exemples. Sans doute les grands chefs militaires ont-ils tous cette tendance.

Parmi les politiciens, Winston Churchill et Donald Trump, 45ᵉ président des Etats Unis d'Amérique, sont guidés par cette tendance.

- *Valeur : Honneur – Négociation (HN)*

Un intérêt dominant pour la reconnaissance par la conviction (convaincre par les arguments et la négociation).

Les anglophones parlent ici de « soft power » : le pouvoir de convaincre.

Mazarin, tout en étant dévoré d'ambition de domination préférait de loin la négociation à la force.

- *Valeur : Honneur – Conformisme (HC)*

Un intérêt dominant pour la reconnaissance en se conformant aux intérêts des autres (cette orientation provient du mécanisme décrit en BOPS S-2-1 et est rattachée à l'Humanité ou Modestie (qui est « *un Désir de faire ce qui plaît à l'opinion, et d'éviter ce qui lui déplaît* » (Eth III, Définitions des Affects, 43)).

De nombreux politiciens ont un tel profil et se moulent sur les désirs de l'opinion afin de plaire à la masse populaire et se faire élire, attitude qui semble être devenue la norme et a donné naissance à l'expression « politiquement correct ».

- *Valeur : Orgueil (O)*

Un intérêt dominant pour ses propres affects (cette orientation est rattachée indirectement à la Satisfaction de soi (« *Une Joie née du fait que l'homme se considère lui-même, ainsi que sa puissance d'agir* » (Eth III, Définitions des Affects, 25)) et à l'Orgueil (qui « *consiste à avoir de soi-même, par Amour, une meilleure opinion qu'il n'est juste* » (Idem, 28)).

Une conséquence de la dominance de cet intérêt chez un individu sera sa tendance à tout ramener à lui, à faire état d'une grande avidité, à vouloir posséder les choses et se les assimiler, du moins dans ses domaines de prédilection. Un individu guidé par cette tendance veut avoir pour être davantage et être pour s'étendre et avoir plus encore pour toujours pouvoir plus s'affirmer. Ce qui est recherché est l'affirmation de soi.

Mais cette affirmation de soi va prendre diverses formes en se combinant avec les autres tendances, les facteurs d'intensité et les aptitudes. Ainsi un sensuel orgueilleux muni de faibles aptitudes d'intelligence sera plutôt un glouton qu'un gourmet, un collectionneur de conquêtes féminines plutôt qu'un amant raffiné, un avare pingre plutôt qu'un mécène.

- *Valeur : Tendresse (T)*

Un intérêt dominant pour les affects d'autrui (cette orientation est rattachée indirectement à la Miséricorde (qui est « *l'Amour en tant qu'il affecte l'homme de telle sorte qu'il se réjouisse du bonheur d'un autre et s'attriste au contraire du malheur d'un autre »* (Idem, 24).

A nouveau l'opposition entre un « tendre » et un « non tendre », un « dur », est illustrée par Rousseau et Voltaire.

Rousseau est un « tendre » : « *Toute idée de plaisir des sens,* écrit Rousseau dans les *Confessions, s'unissait en moi à une idée d'amour ; c'était là ce qui me perdait.* »

A l'inverse, Voltaire est un « non tendre ».

Remarquons qu'il n'y pas d'opposition entre l'orgueil et la tendresse : Pascal était un grand orgueilleux tendre.

- *Valeur : Intelligence (I)*

Un intérêt dominant pour comprendre à l'aide de sa ou ses formes d'intelligence dominante(s). Il faut signaler ici la différence entre la valeur I et une quelconque forme d'intelligence (FI) : I est un *désir* de comprendre, tandis que l'une des FI est une *aptitude* à comprendre.

Montaigne a de grandes intelligences, existentielle, intrapersonnelle, linguistique, sans doute dans cet ordre hiérarchique, mais peu d'intérêt de compréhension : « *Je souhaiterais avoir plus parfaite intelligence des choses ; mais je ne veux pas l'acheter si cher qu'elle coûte. Mon dessein est de passer doucement et non laborieusement ce qui me reste de vie : il n'est rien pour quoi je veuille me rompre la tête, non pas pour la science, de quelque grand prix qu'elle soit.* » Montaigne a les aptitudes pour comprendre, mais n'en a pas le désir.

Pascal, par contre, possède aussi, et même plus, ces intenses aptitudes intellectuelles, mais désire tout aussi intensément comprendre les choses.

Toutes ces tendances se trouvent réunies dans chaque individu, mais elles le distinguent des autres à deux niveaux, comme pour les formes d'intelligence : la hiérarchie et l'intensité, et un troisième, l'association entre elles. Par exemple, un individu peut avoir une tendance à l'ambition de domination couplée avec un intense désir de richesse, ce que serait un implacable homme d'affaire, lors qu'un autre la couplera avec un intérêt plus marqué pour la sensualité, incarnant un amant dominateur.

Ainsi, Pascal, dans la première partie de sa vie, associe un intérêt dominant pour la compréhension associé à un grand désir de reconnaissance et un immense orgueil, mais aucun conformisme, ce qui en faisait un bretteur redoutable quand il s'agissait de défendre et d'affirmer ses découvertes. Sa sensualité et son désir de richesses étaient pratiquement inexistantes et l'on n'a pas d'indications de tendresse, sauf envers son père et sa sœur cadette.

Par contre, dans la seconde partie (religieuse) de sa vie, le désir de comprendre s'efface au profit de l'intérêt pour les autres, le désir de reconnaissance se mue en désir de domination (visant à imposer sa vision religieuse de l'existence), l'orgueil demeure, sensualité et désir de richesses restent atones.

La passion qu'un homme peut avoir n'est rien d'autre que la mise en ordre de sa vie affective soumise à une tendance dominante. La première partie de la vie de Pascal est soumise à sa passion de compréhension, la seconde partie à sa passion religieuse. Le changement de hiérarchie dans ses tendances dominantes, pas plus que celle dans ses formes d'intelligence n'expliquent les causes de ce changement radical de comportement. Elles en offrent seulement encore un autre point de vue descriptif.

Quelles peuvent être les causes d'un tel changement de passion ?

Ces causes relèvent d'une combinaison des caractéristiques psychologiques d'une personnalité et d'événements survenus dans l'histoire de l'individu que décrit cette personnalité.

Nous connaissons la personnalité de Pascal au travers des facteurs que nous avons mis en évidence. Penchons-nous donc sur son histoire en en rappelant les faits saillants, pour, par après, réunir ces deux informations.

Blaise Pascal est né le 19 juin 1623 à Clermont. Il est le 3ème enfant et unique fils d'Etienne Pascal, qui est Président de la Cour des Aides, et appartient ainsi à la noblesse de robe (on trouve alors dans ce milieu, ainsi que dans les milieux ecclésiastiques, les gens les plus cultivés, et aussi les plus religieux). Quant à sa mère, Antoinette Begon, elle décède 3 ans après sa naissance. En 1631, la famille s'installe à Paris.

C'est Etienne Pascal qui, extrêmement fier des aptitudes intellectuelles précoces de son fils, prend en charge l'éducation de son fils, loin des bancs du collège ou de l'université. A la maison l'ambiance est austère et religieuse, ce qui inculque une foi tenace et profonde dans l'esprit de Pascal.

Dès 14 ans, Blaise Pascal accompagne son père aux rencontres de l'Académie du minime Marin Mersenne, où divers scientifiques débattent de toutes sortes de questions. A 16 ans, il y fait son premier exposé, où il démontre plusieurs théorèmes de géométrie projective, dont la fameuse propriété de l'hexagone mystique inscrit dans une conique. Un an plus tard, il publie *Essai pour les coniques*.

En 1639, Etienne Pascal est promu par Richelieu commissaire à la levée des impôts auprès de l'Intendant de Normandie, et la famille s'installe à Rouen. La tâche de collecte des impôts est ardue et répétitive, et pour soulager le travail de son père, Blaise Pascal a l'idée d'une machine pour automatiser les calculs : c'est la première machine à calculer de l'histoire, mise au point en 1642.

L'année 1646 marque un premier tournant dans la vie de Pascal : son père s'est blessé à la cuisse, et il est soigné par deux médecins, les frères Deschamps, qui font lire à la famille des ouvrages d'inspiration janséniste, et la convertissent à une vie chrétienne plus fervente. C'est la « première conversion » de Pascal.

En 1647, des problèmes de santé contraignent Pascal à retourner à Paris. Sur un plan scientifique, Pascal s'intéresse à la querelle de l'existence du vide, qui oppose Torricelli à Descartes. Il propose plusieurs expériences pour valider l'existence du vide, et fait notamment réaliser par son beau-frère une expérience célèbre au sommet du Puy-de-Dôme qui établit de façon irréfutable le rôle joué par la pression de l'air.

Le 24 septembre 1651, le père de Pascal décède et ceci l'affecte beaucoup. Au contraire de sa sœur Jacqueline, qui entre au monastère de Port-Royal, Pascal trouve refuge dans la vie mondaine et les sciences. Il s'intéresse alors aux nombres, a des échanges épistolaires avec Fermat qui fondent la théorie des probabilités (on doit notamment à Pascal l'invention du concept d'espérance), étudie en 1654 le triangle arithmétique et invente ainsi le raisonnement par récurrence.

La nuit du 23 novembre 1654, Pascal connait une nuit d'extase mystique, où il rencontre Dieu et est habité par des sentiments de « certitude, joie, paix, pleurs de joie ». C'est la « seconde conversion » de Pascal, qui le conduit à renoncer aux plaisirs du monde, et aux sciences humaines, vaines face aux sciences divines. Il se retire à compter de 1655 chez les jansénistes de Port-Royal, qui s'opposent alors aux jésuites de la Sorbonne. Pascal prend part à la querelle, défendant ses amis jansénistes par l'écriture de 18 lettres appelées les « Provinciales » (du titre de la 1ère, *Lettres écrites à un provincial par un de ses amis*).

Pascal reprend contact après 1658 avec la vie scientifique en étudiant les propriétés de la cycloïde. Il commence également à rédiger une apologie de la religion chrétienne, qui sera publiée à titre posthume sous le nom de *Pensées*. Il tombe gravement malade en février 1659, et ceci ralentit la réalisation de ses projets. Sa dernière invention est la création des carrosses aux 5 sols, premier système de transport en commun à Paris. Il décède le 19 aout 1662, sans doute des suites d'un cancer de l'estomac.

Pascal est un très grand émotif (E) qui subit aussi un long retentissement (R). Les affects s'impriment donc fortement en lui durant son enfance. Cette période de grande malléabilité du cerveau permet au petit être d'acquérir tout ce que son milieu familial, social et culturel exige de lui afin de bien s'y intégrer. Cette imprégnation joue le rôle de l'instinct de l'animal, instinct qui lui permet de s'adapter rapidement à son milieu naturel. Or le milieu dans lequel Pascal grandit possède deux caractéristiques fortement marquées : la religion et la forte image paternelle. D'une part, Pascal va donc être imprégné d'une foi catholique profonde et tenace. D'autre part, le père de Pascal se montre très fier des capacités intellectuelles hors du commun de son fils, au point de vouloir régler exclusivement son éducation. Cette influence paternelle va être déterminante dans les orientations futures de Pascal, d'autant plus que cette influence est monopolistique, sa mère étant décédée très tôt et Pascal ne fréquentant pas d'établissement scolaire ou universitaire. Pascal éprouve évidemment de la joie en réaction à la fierté paternelle, ce qui le conduira à rechercher activement (et, on le sait, Pascal est doué d'une très grande activité (A)) le renouvellement de cette joie par la continuité de cette reconnaissance. On voit donc que le Désir de reconnaissance (H) est et restera une composante principale de la personnalité de Pascal. Par ailleurs, la grande activité de Pascal donne de nombreuses preuves stupéfiantes de ses immenses capacités, ce qui le nanti d'une grande satisfaction de lui-même et d'un immense orgueil. H et O, constants au cours de sa brève existence, sont sans doute les deux orientations majeures de sa personnalité.

Ce qu'on a appelé la « première conversion » de Pascal n'est, en définitive, qu'un renforcement de son orgueil. En effet, le jansénisme est principalement une remise à jour de la théorie de Saint Augustin selon laquelle la foi ne dépend que de la grâce de Dieu. Cette foi n'est accordée qu'à certains « élus » et l'homme n'y peut absolument rien. Il n'y a pas de libre arbitre de l'homme, tout est déterminé par Dieu. Pascal est investi d'une foi profonde et donc, nécessairement, il est l'un de ces élus ; il est un dépositaire de la grâce divine, il est véritablement un enfant de Dieu dont l'âme est destinée à vivre éternellement auprès de ce Père. Cette certitude est une Joie et ne peut pas provoquer de crise existentielle chez Pascal.

Par contre, c'est le décès de son père terrestre adoré et admiré, qui va fortement l'ébranler et provoquer sa véritable crise existentielle qui débouchera sur l'épisode de sa nuit d'extase mystique et sa « seconde conversion ». A la recherche de la satisfaction de son puissant Désir de reconnaissance qu'il ne peut plus trouver dans son père naturel, qu'il ne parvient pas éveiller chez ses contemporains, il va se tourner vers Dieu, son Père divin, et tout accomplir pour mériter cette reconnaissance et espérer la survivance éternelle de son âme. Il va alors abandonner ses passions intellectuelles au profit de la passion religieuse. On connaît la suite.

Cet exemple montre la puissance explicative de notre modèle appliqué à une existence particulière : combinées entre elles et reliées aux événements de cette existence, les dispositions prises en compte parviennent à cerner au plus près l'individualité considérée, réalisant ainsi une véritable idiographie.

Il nous faut maintenant reprendre l'ensemble de ces dispositions pour mettre en évidence leurs lois de composition, les façons dont elles interagissent et ainsi munir cet ensemble d'une structure.

ଓଃ 224 ଃଓ

III. Structure

Lorsque qu'un individu est affecté, cette affection passe par le filtre de son individualité avant d'être éventuellement vécue comme un affect, de Joie, de Tristesse et de Désir. Ensuite, il réagit à l'affect éprouvé en affectant lui-même son entourage par son action et cette action dépend également des diverses dispositions qui forment les éléments de sa personnalité. Ces dispositions constituent un système de forces qui, dans une situation donnée, tantôt s'additionnent, tantôt se combattent, tantôt se neutralisent.

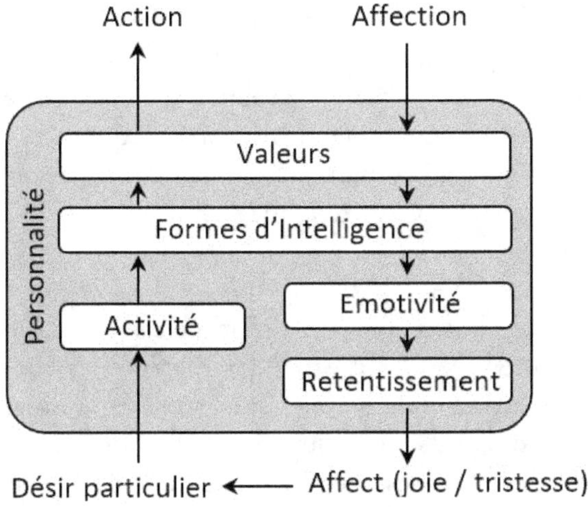

Les interactions entre les dispositions intensives E, A et R ont été étudiées en détail par René Le Senne. Nous reprenons ses résultats en les intégrant en résumé dans notre modèle étendu.

En particulier, l'intensité d'un affect, vécue dans l'instant présent et, ensuite dans la durée, va dépendre de l'émotivité et du retentissement, E et R.

Comment interagissent ces deux dispositions ?

1.E et R : l'individu concerné reste longtemps sous l'influence de ses affections qui, donc, le marquent profondément et sur lesquelles il revient souvent. En particulier, les Tristesses, si elles ne sont pas évacuées par des actions rapides et efficaces, engendreront de la rumination. De même, les Désirs dérivant de Joies, non satisfaits par des actions appropriées hanteront longtemps les rêves de l'individu. Celui-ci est dès lors aussi très préoccupé par le futur et ses ambitions et c'est l'association avec la disposition d'activité (A) qui déterminera son comportement général. Quoiqu'il en soit, l'intensité vécue des affects et les réflexions fréquentes sur le vécu passé déterminent des personnalités réservées, exigeantes et ayant tendance à organiser leur vie affective.

2.E et nR : bien que les sentiments soient vécus intensément sur le moment, cette intensité s'étiole rapidement et les affects se succèdent rapidement les uns aux autres, ce qui engendre des individus spontanés, désordonnés, inconstants, souvent révoltés, imaginatifs et à la recherche d'émotions vives et fréquentes.

3.nE et R : faible intensité vécue dans l'instant mais longue influence des sentiments engendrent des individus impassibles, réguliers, fidèles, respectueux des principes, équanimes (d'humeur égale), économes, ayant un grand sens de la justice.

4.nE et nR : faible intensité des sentiments à la fois dans l'instant et dans la durée donnent des individus s'adaptant facilement à toutes les situations, accommodants, peu sensibles au danger.

Il est nécessaire de regarder de suite l'interaction de ces quatre couples avec l'activité (A), qui n'intervient qu'au niveau de la puissance d'affecter, car ces combinaisons, au nombre de huit, décrivent une partie du caractère global d'un individu qui réagit évidemment dans son unité avec les autres dispositions innées, les formes d'intelligence (FI) et les valeurs (S, M, H, HF, HN, HC, O, T et I).

1. E et R avec A (le « passionné ») : l'activité couplée à l'émotivité amène une grande activité extérieure, une action fiévreuse, de la sociabilité et une grande puissance de travail et, associée au retentissement, des talents d'organisation, la capacité de travailler régulièrement et de la persévérance.

Les « passionnés » sont des individus ambitieux qui réalisent, à l'activité concentrée sur une fin unique, une œuvre à accomplir. Dominateurs et naturellement portés au commandement, ils savent maîtriser et utiliser leur puissance naturelle. Ils aiment la société, sont souvent bons orateurs. Ils sont attachés aux valeurs conservatrices, famille, patrie et religion. Capables de limiter leurs besoins organiques, ils peuvent parfois être tentés par l'ascétisme.

2. E et R avec nA (le « sentimental ») : de l'association de E et nA découle une déclinaison de l'intensité émotive, non entretenue à cause d'une peur de l'action, un sentiment d'être écrasé par le monde, un manque de naturel, une sublimation des désirs généralement non satisfaits, la montée et la peur de l'ennui ; de celle de R et nA, survient une tendance à la mélancolie, au repliement sur soi, à la résistance passive, à l'indécision, au goût pour la solitude et à la sédentarité. L'ambition générée par le couple (E, R) reste au stade de l'aspiration.

Les « sentimentaux » sont souvent mélancoliques, mécontents d'eux-mêmes et alimentent leur vie intérieure par la rumination du passé. Repliés sur eux-mêmes, ils sont guettés par la misanthropie. Maladroits, ils se résignent à ce qu'ils pourraient pourtant éviter. Individualistes, ils se tournent vers l'amour de la nature et l'intimité.

3. E et nR avec A (le « colérique ») : nous connaissons les effets du couplage de E avec A. Lorsque l'activité s'associe avec la faible durée des ressentis, le moindre poids du passé et, corrélativement, la moindre inquiétude vis-à-vis du futur engendrent une moins grande inertie et des attitudes d'aisance et d'assurance en société, de disponibilité, de présence d'esprit, de décisions rapides et de gaîté.

Les « colériques » sont généreux, cordiaux, pleins de vitalité et d'exubérance, optimistes, généralement de bonne humeur. Ils manquent de mesure et de raffinement et leur activité est intense, fiévreuse, mais multiple et désordonnée. Ils privilégient l'action à la réflexion, dotés fréquemment de talents oratoires et impétueux, ils sont souvent des meneurs d'hommes. Ils sont attirés par la politique au service du peuple, croient au progrès et sont volontiers révolutionnaires.

4. E et nR avec nA (le « nerveux ») : les conséquences de l'association de E avec nA ont déjà été examinées. Les individus non actifs et à faible retentissement sont entièrement soumis à l'instant, incapables de persévérance et de résistance aux diverses sollicitations, négligents et gaspilleurs.

D'humeur variable, les « nerveux » désirent étonner et attirer l'attention des autres sur eux. Indifférents à l'objectivité qui nécessite recherche active et constance, ils s'évadent dans le mensonge ou la fiction. Ils ont un goût prononcé pour le bizarre, l'horrible, le macabre. Incapables de travail régulier et de soumission aux corvées souvent nécessaires, ils ont besoin d'excitants pour s'arracher à l'inactivité et à l'ennui. L'inconstance et le divertissement dominent leur existence.

5. nE et R avec A (le « flegmatique ») : nous connaissons les effets du couple (A, R). L'association d'une faible émotivité avec une grande activité donne une activité « froide », une grande objectivité, de la persévérance, du courage et de la méfiance à l'égard du domaine affectif.

Les « flegmatiques » sont des hommes d'habitude, respectueux des principes et des engagements, objectifs, dignes de foi, pondérés, d'humeur égale, à la limite impassibles, patients, tenaces. Profondément civiques et moraux, ils respectent scrupuleusement la loi et sont attirés par les systèmes abstraits.

6. nE et R avec nA (l' « apathique ») : le couple (nA, R) a déjà été évoqué. Le couplage d'une faible émotivité et d'une médiocre activité engendre indifférence et manque d'initiative.

Les « apathiques » sont sans vie intérieure frémissante, fermés secrets, tournés vers eux-mêmes, sombres, taciturnes, attachés à leurs habitudes, conservateurs, riant rarement. Tenaces dans leurs inimitiés, ils sont difficiles à réconcilier. Ils sont solitaires et privilégient la solitude, mais sont cependant honnêtes et sincères.

7. nE et nR avec A (le « sanguin ») : les effets des couples (nE, A) et (A, nR) ont été tous envisagés.

Les « sanguins » sont extravertis, polis, spirituels, ironiques, sceptiques et ont souvent un grand sens pratique. Manipulateurs, habiles diplomates, libéraux, tolérants, ils sont peu enclins aux grandes théories et y préfèrent l'expérience. Ils font preuve d'initiative et de souplesse d'esprit et privilégient le succès social.

8. nE et nR avec nA (l' « amorphe ») : les effets des couples (nE, nA) et (nE, nR) ont été étudiés.

Les amorphes sont disponibles, conciliants, tolérants, indifférents au passé plus qu'à l'avenir, très tenaces dans leur entêtement passif, négligents, paresseux. Souvent qualifiés de « bon caractère », ils privilégient les plaisirs.

Ces combinaisons des dispositions au sein de types nous permettent de décrire des grandes lignes de réactions probables des individus face aux situations rencontrées, à condition de pouvoir décider pour la classification de chaque individu au sein d'un des types, ce qui n'est réellement pertinent que pour les personnes ayant obtenu des scores bien tranchés pour chacun des facteurs, scores permettant de les discriminer sans ambiguïté comme E ou nE, A ou nA, R ou nR. L'humain est trop complexe pour se laisser cerner dans un nombre trop faible de catégories. Un individu ayant obtenu des scores moyens de 5 pour chacun des facteurs E, A et R, est inclassable dans cette typologie. C'est pourquoi il est nécessaire d'étendre les critères de classification et de les combiner entre eux. Pour notre part, nous disposons encore des formes d'intelligence et des valeurs.

Les réactions individuelles vont donc encore dépendre, en plus des particularités des situations vécues, des combinaisons des caractères avec ces autres dispositions. Ces dernières se distinguent au moins par l'intensité de chacune d'elle, intensité que l'on pourrait, par mesure de simplification, évaluer, comme pour les facteurs E, A et R, sur échelle de 1 à 9, mais aussi par leur hiérarchie présente chez l'individu. En admettant que nous ayons quand même opté pour un classement de chaque individu dans l'un des huit types de caractère étudiés ci-dessus, le nombre de cas à envisager serait astronomique :

17 possibilités par caractère. (de 1 à 9 par 0,5)

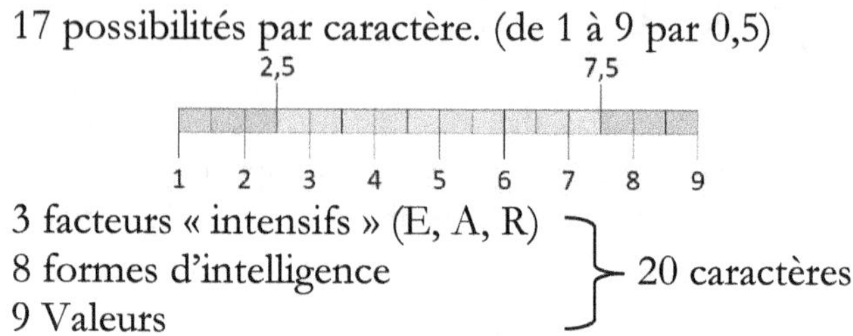

3 facteurs « intensifs » (E, A, R)
8 formes d'intelligence
9 Valeurs
$\left. \right\}$ 20 caractères

Donc 17^{20} possibilités $= 4.10^{24}$ possibilités

Soit 40 fois plus que l'estimation du nombre d'étoiles dans l'univers qui est de l'ordre de 10^{23}.

Notre classement théorique n'est pas une typologie et la prédiction de la réaction probable d'un individu à une situation donnée ne relève pas d'une catégorisation claire, mais d'une étude individuelle longue et minutieuse. Lucien Jerphagnon, avec la caractérologie de Heymans – Wiesma – Le Senne, étendue avec les 6 facteurs de Gaston Berger (voir le premier chapitre) a consacré une étude d'environ 300 pages à la personnalité de Pascal, sans aborder toutes les facettes qui constituent notre modèle. C'est dire que ce modèle ne peut s'appliquer que pour une explication ou une prédiction dans une situation particulière où la combinaison des dispositions singulières et fixées est envisageable.

Ainsi imaginons un individu classé « sanguin » (nE, A, nR), « sensuel » (S), dominant (HF), orgueilleux (O), non tendre (nT), conformiste (HC) et non désireux de comprendre (nI) ; pensons-le marié par amour, et essayons de prévoir, à gros traits, une évolution possible de sa vie amoureuse. Il est fort probable que, confronté à l'implacable baisse de désir sexuel vis-à-vis de son épouse, il ressente douloureusement la perte de ces vibrations sexuelles intenses (S) et se mette à tromper son épouse sans trop se préoccuper des sentiments de celle-ci (peu de tendresse), sans souffrir lui-même des souffrances éventuelles de celle-ci (orgueil (O) et manque de tendresse (nT)) et en lui imposant la situation (domination (HF)), mais, conformisme social (HC) oblige, ne la quitte pas de peur de mettre en danger ses acquis matériels et sociaux. Vite lassé de ses conquêtes (peu de retentissement (nR)) et des conflits matrimoniaux, il pourrait décider de se tourner vers d'autres plaisirs sensuels (boisson, nourriture (S)) et d'autres activités (il est actif (A)) telles que le bricolage (s'il possède une intelligence kinesthésique, par exemple) ou l'approfondissement ou la diversification de ses activités professionnelles, sans s'interroger sur le bienfondé de ces orientations plus ou moins prises instinctivement (peu de besoin de compréhension (nI)).

Bien sûr, ce développement est grossier et ne tient compte d'aucun autre facteur circonstanciel, comme les réactions de son épouse que l'on a supposée totalement passive. Par contre, on peut tenir comme presqu'assurées des réactions incompatibles avec la personnalité de notre individu, comme le fait qu'il n'en vienne pas à tenter des relations sexuelles extra conjugales (trop forts besoins sensuels) ou qu'il tienne compte avant tout des sentiments de son épouse (peu de tendresse) ou encore qu'il envisage sérieusement une thérapie de couple (orgueil et non intérêt vis-à-vis de la compréhension).

Il importe de souligner le caractère *déductif* de notre approche : après avoir déterminé les dispositions d'un individu, nous pouvons en *déduire* ses comportements, cognitifs, affectifs et actifs, méthode génétique en cohérence avec une démarche constructiviste spinoziste, à savoir faire se coïncider « *l'acte par lequel notre esprit connaît parfaitement la vérité et l'opération par laquelle Dieu l'engendre* » (Bergson). Nous avons étendu la démarche de Le Senne appliquée au caractère à la personnalité tout entière :

« *On établit la réalité empirique d'un caractère par la description statistique ou biographique ; mais on doit le comprendre par construction, comme on comprend la formation d'une sphère par la rotation d'une demi-circonférence autour de son diamètre.* »

C'est ainsi que nous avons pu expliquer la « conversion » de Pascal. Les ciments les plus puissants de la personnalité de Pascal résident dans son profond Désir de reconnaissance (H) et son immense orgueil (O). En reconnaissant cette caractéristique, nous avons déduit son comportement au moment crucial de cette « conversion ». La personnalité de Pascal garde toute son unité, il n'y a que des modifications extérieures : son Désir de reconnaissance se porte de son père terrestre à son

Père divin et ses immenses aptitudes se portent du service à la science, pour plaire au père terrestre et ainsi affirmer son moi au service à la religion catholique pour plaire au Père divin et ainsi affirmer son moi dans l'éternité.

La même démarche peut être utilisée pour expliquer la « conversion » de Maurice Barrès qui, en 1888, passa de l'exaltation de l'individualité à l'idée de la subordination à la collectivité, de l'affirmation hautaine du moi individuel à la soumission au moi national, de l'attachement à « *l'unique réalité, le moi* » à l'effacement de celle-ci par rapport à celle toute puissante de la société (« *L'individu n'est rien, la société est tout* »).

Qui est Maurice Barrès ?

C'est un sanguin (nE, A, nR), aux formes d'intelligence dominantes, dans l'ordre hiérarchique : existentielle, intrapersonnelle et linguistique. Il n'est pas sensuel (nS), ni matérialiste (nM) ; il est dominant (HF), très orgueilleux (O), non tendre (nT), conformiste (HC) et peu intéressé par la compréhension causale (nI). Les ciments les plus solides de sa personnalité sont l'orgueil et le conformisme, dans cet ordre : la recherche constante de cet écrivain engagé n'est autre que l'affirmation de son moi. C'est pourquoi il débute naïvement par l'exaltation de l'individualisme dans sa trilogie *Sous l'œil des Barbares, Un Homme libre* et *Le Jardin de Bérénice*.

Sa méthode repose sur trois principes (elle dévoile le fonds « sanguin » de son caractère) :

« Premier principe : Nous ne sommes jamais si heureux que dans l'exaltation.
Deuxième principe : Ce qui augmente beaucoup le plaisir de l'exaltation, c'est de l'analyser.
Troisième principe : Il faut sentir le plus possible en analysant le plus possible »

Mais son analyse est trop courte : remontant le passé, elle ne rencontre que des origines, celles de ses ancêtres et de sa terre natale, la Lorraine, et ignore tout des lois de la psychologie humaine. Ce qui aveugle cette analyse c'est le conformisme de Barrès. Attaché aux valeurs familiales bourgeoises françaises, il ne parvient pas à prendre de la hauteur. De là, ses nationalisme et racisme exacerbés. Mais c'est encore un moyen d'affirmation de son moi : c'est SA patrie, SON terroir, SES origines, SA race qu'il s'agit d'exalter.

Ainsi, partant de l'individualisme le plus radical (« *Que lui importait le sort de la caravane passé l'horizon de sa vie ?* »), passant par sa négation totale en faveur de la collectivité (« *L'individu n'est rien, la société est tout* ») et se terminant par une religiosité retrouvée (« *Mon avenir, c'est l'au-delà.* »), le parcours de Barrès est de bout en bout guidé par l'affirmation de son moi, son orgueil en action, son conformisme et ses erreurs de raisonnement dues à son manque de Désir de compréhension véritable (nI).

C'était en partie l'avis de l'écrivain Paul Léautaud : « *Je doute de l'intelligence d'un homme, d'inventer des niaiseries* pareilles. Ou il me fait l'effet d'un auteur qui a cherché ce qu'il pourrait bien inventer pour se faire une spécialité littéraire. »

Jean-Pierre & Mikhaël Vandeuren

IV. Retour à la définition générale et aux théories historiques

Dans le premier chapitre, nous avons adopté une définition générale de la personnalité afin de nous guider dans la comparaison entre les diverses théories historiques et répondant aux critères que l'on peut attendre d'une telle théorie.

Rappelons-la, avant de vérifier que notre théorie la satisfait :

Définition :

« *La personnalité est l'ensemble structuré des dispositions innées et des dispositions acquises sous l'influence de l'éducation, des interrelations complexes de l'individu dans son milieu, de ses expériences présentes et passées, de ses anticipations et de ses projets.*

Cet ensemble détermine les points communs et les différences du comportement psychologique — pensées, sentiments et actions — des gens, comportement qui présente une continuité dans le temps et ne peut être aisément attribué aux seules pressions sociales et biologiques du moment. »

L'ensemble que nous avons construit est bien constitué de dispositions innées (E, A, R et FI) et acquises (les valeurs). Il est structuré (nous en avons exposé les lois de composition). Il tient compte du passé, du présent et du futur par le biais des valeurs. Toutes les dispositions considérées sont universelles, communes à tous et, leurs mesures d'intensité et les hiérarchies entre certaines d'entre elles permettent de discriminer chaque individu de tous les autres. La continuité dans le temps ne porte pas seulement sur les dispositions innées (le caractère), mais, on l'a vu dans les études sur Pascal et Barrès, cette continuité apparaît aussi au niveau des dispositions acquises tout en autorisant une évolution, parfois radicale, du comportement.

Notre théorie est « générale » au triple sens où elle s'applique « en général » à tous les individus, qu'elle peut décrire les comportements « en général » et, enfin, où elle généralise les autres théories qui peuvent donc être qualifiées de « restreintes » par rapport à elle.

Nous allons, à présent, montrer que les principales théories historiques présentées dans le premier chapitre sont incluses d'une manière ou l'autre dans notre modèle général.

Nous allons examiner d'abord les théories qui ne prennent en compte que les dispositions innées, la caractérologie (étendue à certaines dispositions acquises par Gaston Berger) et la théorie des Fradin, ensuite celles qui ne tiennent compte que des dispositions acquises, l'approche cognitivo-comportementale et l'ennéagramme, enfin celle qui ne se classe pas de cette façon, les dispositions qu'elles considèrent se présentant comme des combinaisons de dispositions innées et acquises : les théories des traits, en particulier le modèle à cinq facteurs (MCF).

La caractérologie

La caractérologie « de base » de Heymans – Wiesma – Le Senne, avec ses trois facteurs fondamentaux E, A, R est une partie intégralement reprise dans notre théorie et, en particulier, on y retrouve la vieille théorie des quatre humeurs d'Hippocrate – Galien.

Gaston Berger a étendu cette caractérologie par des « facteurs complémentaires » et des « tendances » :

- La largeur du champ de conscience ne fait pas partie des dispositions que nous avons prise en compte, car elle ne nous semblait pas essentielle comme discrimination. On pourrait cependant l'ajouter sans difficulté comme distinction bipolaire dans chacune des formes d'intelligence.
- La polarité Mars/Vénus correspond dans les grandes lignes à notre distinction HF/HN
- L'avidité est une conséquence de l'orgueil (O)
- Les intérêts sensoriels correspondent à notre sensualité (S)
- La tendresse est une conséquence de ce que nous avons dénommé de la même façon (T)
- La passion intellectuelle est notre disposition I

La théorie de Jacques et Fanny Fradin

On peut établir une correspondance satisfaisante entre les huit personnalités dites « primaires » des Fradin et les huit caractères de base de la caractérologie.

Dans l'état d'activation de l'action réussie, le bébé n'a ressenti que peu d'émotions (nE), n'a pas dû recourir à une activité soutenue (nA) et ses affections ne l'ont pas marquées durablement (nR). L'épicurien de Fradin correspond à un caractère « amorphe ».

Lorsque l'état d'activation de l'action est empêchée, l'enfant n'a pas non plus fortement vécu d'émotions (nE), a développé une plus grande activité (A) et est plus marqué par ses affections (R). Le philosophe de Fradin correspond à un caractère « flegmatique ».

Quand la fuite est réussie, les émotions ne sont toujours pas ressenties très fortement (nE), l'activité est évaluée comme efficace (A) et les affections sont peu retentissantes (nR). L'animateur est un « sanguin ».

Si la fuite est empêchée, le ressenti des émotions reste modéré (nE), l'activité est jugée négativement (nA) et l'impact des affections est durable (R). Le matérialiste (ou gestionnaire) est un « apathique ».

En cas de lutte réussie, l'émotion est vécue plus intensément (E), l'action a porté ses fruits (A) et les effets affectifs s'évanouissent rapidement (nR). Le stratège de Fradin est un « colérique ».

Lorsque la lutte est empêchée, l'émotion est vive (E), l'activité forte (A) et les impacts affectifs durables (R). Le compétiteur est un « passionné ».

En cas d'inhibition de l'action réussie, une émotivité élevée (E) côtoie une dévaluation de l'activité (nA) et un faible retentissement des affections (nR). Le participatif de Fradin est un « nerveux ».

Enfin, quand cette inhibition est empêchée, l'émotion est intense (E), l'activité dévaluée (nA) et les affections ressenties durablement (R). Le solidaire est un sentimental.

Passons à présent aux théories ne retenant que des dispositions acquises. Pour ce qui est des théories cognitivo-comportementales, basées en définitive sur des théories de « construct », nous n'avons développé que la théorie des schémas de Young grâce à laquelle nous avons pu justifier « scientifiquement » l'ennéagramme par l'association d'un couple de schémas à chaque ennéatype. Il nous suffira donc d'associer chacun de ces types avec l'une des dispositions acquises de notre théorie (valeurs ou orientations) pour obtenir l'association idoine avec les schémas.

L'ennéagramme

En regroupant les ennéatypes dans leurs trois « centres »,

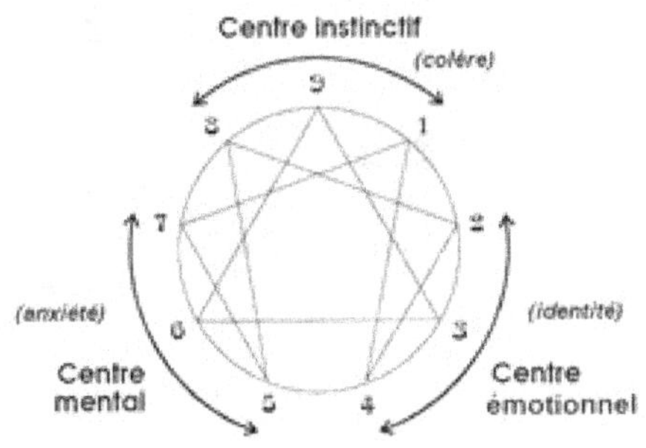

On peut établir les correspondances suivantes :

Centre instinctif :

$$8 \leftrightarrow \text{HF}$$
$$9 \leftrightarrow \text{HN}$$
$$1 \leftrightarrow \text{HC}$$

Centre émotionnel :

$$2 \leftrightarrow \text{T}$$
$$3 \leftrightarrow \text{M}$$
$$4 \leftrightarrow \text{O}$$

Centre mental :

$$5 \leftrightarrow \text{I}$$
$$6 \leftrightarrow \text{H}$$
$$7 \leftrightarrow \text{S}$$

Ce qui donne la représentation suivante :

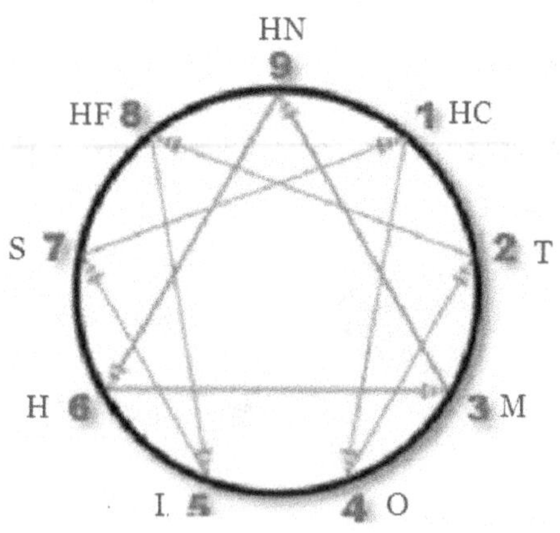

Cette association entre valeurs et ennéatypes montre l'inclusion de l'ennéagramme dans notre théorie générale, mais permet également d'enrichir notre modèle des apports de celui-ci. Ainsi, l'usage permet d'accorder crédit à la pertinence des conclusions apportées par l'association des « ailes » avec la « base » et des « flèches » pour établir des rapports fréquents entre les valeurs principales prônées par les individus.

On peut illustrer cet apport en revenant à la personnalité de Pascal. Sur l'ennéagramme, la « base » de Pascal, son orientation principale est le désir de compréhension (I ou 5 sur l'ennéagramme), mais Pascal brûlait d'un intense désir de reconnaissance (H), aile 6, et possédait un grand orgueil (O), aile 4. Pascal était un travailleur puissant et efficace ; dans l'ennéagramme cela se traduit par la flèche qui relie 8 à 5 : le type 5, en cas de bien-être, s'arme de puissance et de courage comme le type 8.

Il nous reste à examiner…

La théorie des traits

Nous nous limiterons au cas du modèle à cinq facteurs (MCF).

Pour nous, les traits ne sont que des effets, les causes en étant les compositions des dispositions que nous avons considérées au sein de la structure globale de la personnalité.

Par ailleurs, les termes qui désignent les facettes, comme « sentiments », « actions », « compétence »,

« chaleur », « confiance », « anxiété », et plus encore ceux qui désignent les facteurs globaux, « ouverture », « conscience », etc., sont mal définis, flous, polysémiques et donc ne recouvrent aucune véritable vraie tendance singulière. L'outil de description issu de la théorie des traits ne peut ainsi qu'être lui aussi vague, peu précis. Nous avions déjà évoqué dans le deuxième chapitre ce manque de précision en recourant au concept plus technique d' « homogénéité locale ». Un autre problème concerne la pertinence du regroupement des facettes en facteurs globaux. Par exemple, le névrosisme (instabilité émotionnelle) est sans nul doute lié à une grande émotivité. Les individus peu émotifs sont stables affectivement. Cependant, Pascal, un « passionné » et Kierkegaard, un « sentimental », étaient tous deux des anxieux, mais peut-on voir en eux une instabilité émotionnelle ? Tous deux étaient sujets à un fort retentissement des affections, ce qui est plutôt le signe d'une stabilité émotionnelle. Par contre, l'anxieux Baudelaire, un « nerveux », fort émotif, mais à faible retentissement affectif, était très instable. L'anxiété ne semble pas vraiment caractériser le névrosisme, et il vaut mieux ne considérer que les facettes elles-mêmes. Et de la détermination complète de la personnalité d'un individu par notre modèle il serait aisé d'en déduire les facettes qu'il peut présenter, à condition de bien définir les termes qui sont sensés les caractériser. Exercice long, fastidieux et sans grand intérêt auquel nous ne nous livrerons pas ici.

DERNIER CHAPITRE

Conclusion et perspectives

 CB 247 BD

Jean-Pierre & Mikhaël Vandeuren

Nous voici arrivés au terme de notre travail et nous disposons d'un modèle, d'une « vue » générale (théorie vient du grec « theoria » qui signifie « observer, contempler ») de l'unité psychologique d'un individu quelconque. Grâce à la détermination d'un nombre restreint de ses dispositions, elle nous permet d'expliquer et de prédire, dans une certaine mesure, ses comportements, pensées, sentiments et actions.

Demeurons modestes, notre théorie ne doit pas être qualifiée de « révolutionnaire ». Son originalité consiste dans l'adoption d'un cadre de pensée, notamment d'une approche anthropologique non conventionnelle au sein de la science psychologique moderne et de la précision et réorganisation en son sein de théories existantes. Mais nous tenons le résultat pour efficace et puissant, à preuve les exemples que nous avons développés.

Mais il reste beaucoup de travail : l'outil théorique doit être testé et appliqué.

Dans une prochaine publication, nous nous proposons donc :

- de développer et tester un questionnaire adapté pour déterminer les dispositions d'un individu ;
- d'appliquer notre modèle aux individus célèbres, tels que les hommes politiques en vue ;
- de l'appliquer éventuellement au recrutement professionnel ;
- de l'appliquer aux personnages historiques connus ;

- de l'appliquer aux études littéraires par le biais de la détermination de la personnalité des personnages de romans ou de pièces théâtrales.

Nous vous donnons donc rendez-vous, cher lecteur, dans un futur, espérons-le, pas trop lointain.

Annexes

(Pour des remises en question et des
approfondissements)

Jean-Pierre & Mikhaël Vandeuren

La Toxoplasmose, un facteur étonnant qui influence la personnalité

Toxoplasma gondii est un parasite manipulateur unicellulaire qui a un cycle de vie particulier intimement lié aux chats et aux rats.

Ce n'est, en effet, que dans l'intestin d'un chat qu'il peut se reproduire de façon sexuée. Le parasite est ensuite naturellement expulsé dans ses excréments. Le rat attrape le parasite en mangeant les excréments d'un chat infecté.

Le parasite se loge alors dans le cerveau du rat et modifie le système nerveux des rongeurs : Il lui enlève sa peur des chats ! Le rat a en effet une aversion naturelle pour l'odeur du chat et de son urine. Mais les rats atteints par la toxoplasmose voient leur odorat modifié et leur aversion pour l'odeur du chat est remplacée par une attirance fatale pour celle-ci. Les rats infectés, au lieu de s'enfuir à la vue d'un chat, éprouvent pour lui une dangereuse attirance. Le rat va donc s'approcher volontairement du chat et fortement diminuer son espérance de vie… tout en augmentant fortement la probabilité pour le parasite de retrouver son milieu de prédilection dans l'intestin du chat. La boucle est alors bouclée et le cycle peut recommencer.

Mais l'infection de Toxoplasma gondii ne se restreint malheureusement pas aux rongeurs. Avec la domestication des chats, les humains sont eux aussi en contact avec le parasite. Nous sommes infectés en manipulant la litière de nos chats domestiques ou en consommant de la viande contaminée.

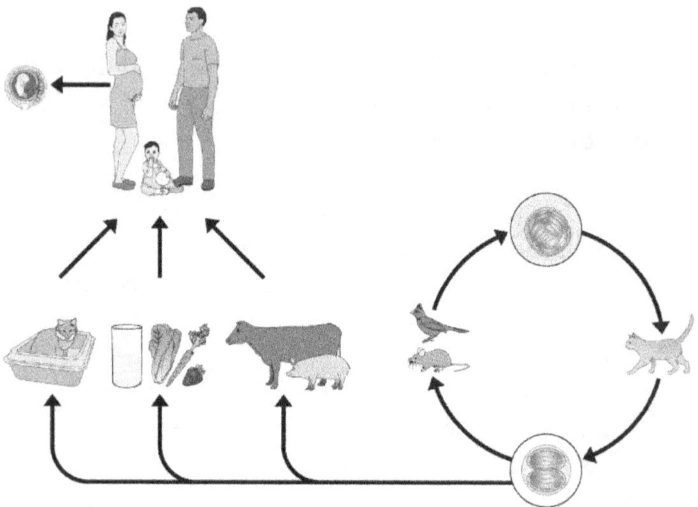

On estime qu'à la surface de la Terre trois milliards d'humains sont porteurs de ce protozoaire. En France, il s'est immiscé dans les circuits nerveux d'un habitant sur deux. C'est-à-dire dans le cerveau d'un lecteur de ce livre sur deux (êtes-vous incommodé par l'odeur d'urine d'un chat ou la tolérez-vous facilement ?).

Mais si la toxoplasmose n'était qu'à l'origine d'un amour immodéré des chats ça ne serait pas si grave. Par ailleurs cela nous explique pourquoi nos fils Facebook sont remplis de vidéos de chat…

Chez l'homme, la souris ou d'autres animaux, le parasite se multiplie de façon asexuée par division cellulaire et se répand dans tout le corps. Au cours de cette première phase d'infection, il peut provoquer une maladie, la toxoplasmose, mais qui n'entraîne aucun symptôme apparent chez la plupart des gens. Sauf chez les femmes enceintes qui sont particulièrement menacées car Toxoplasma gondii se répand chez le fœtus de cellule en cellule au cours de son développement, conduisant à des fausses couches ou à des malformations.

Longtemps considérée comme une infection bénigne (sauf pour les femmes enceintes), l'infection par ce parasite attire l'attention des chercheurs depuis quelques années car, un peu comme chez le rat, il modifierait notre comportement.

Certains chercheurs pensent à présent que cet organisme microscopique provoque des modifications insidieuses du fonctionnement cérébral qui vont jusqu'à altérer la personnalité.

Les kystes causés par le parasite sont minuscules et occupent un espace bien inférieur à 1% du volume du cerveau. Pourtant, cela ne les empêche pas d'avoir des effets inquiétants. Chaque année, de nouvelles études associent Toxoplasma gondii à des traits de personnalité particuliers ou à des troubles psychologiques.

Mais les différences de personnalité associées à l'infection chez les humains sont subtiles. C'est seulement lorsqu'on regarde des moyennes statistiques entre des groupes que les différences émergent.

Une étude passant en revue de ce qui s'était publié sur le sujet a conclu en 2007 que les personnes infectées avaient 2,7 fois plus de chances de développer la schizophrénie. Selon une étude danoise, les mères atteintes auraient 53% plus de chances d'avoir des comportements violents envers elles-mêmes.

Ou encore, les nombreuses études du chercheur tchèque Jaroslav Flegr qui tendent à montrer que les hommes infectés sont plus introvertis, suspicieux et rebelles que ceux ne portant pas le parasite, alors que les femmes infectées sont plus extraverties, confiantes et « dociles » que des femmes exemptes du protozoaire.

En outre, à l'aide d'un simple test mesurant le temps de réaction, Flegr a pu observer que les personnes infectées sont plus lentes à répondre que les sujets sains. Les hommes infectés seraient plus souvent impliqués dans des accrochages en voiture que les hommes non infectés par le parasite.

Phineas Cage, le cas d'école pour l'influence de l'étude du cerveau sur le personnalité

Phineas Gage était un contremaître des chemins de fer chargé de dynamiter de gros rochers pour permettre la réalisation des voiries. Il devait verser de la poudre à canon dans des trous de dynamitage, puis la tasser doucement à l'aide d'une barre à mine. Après cette étape, un assistant devait boucher le trou avec du sable ou de l'argile afin de contenir la détonation.

Ce 13 septembre 1848, Phineas Gage, comme à l'habitude, bourre de poudre un trou de dynamitage puis tourne la tête vers ses ouvriers quand l'accident survint. Sa barre à mine aurait frotté contre le bord du trou, créant une étincelle qui embrasa de la poudre et provoqua une explosion. L'explosion aurait fait décoller la barre à mine telle une fusée.

C'est par sa pointe et sous la pommette gauche que la barre à mine rencontre alors la tête de Gage. Une molaire explose, la barre passe sous l'œil gauche et déchire la face inférieure du lobe frontal du cerveau. Elle perfore ensuite le haut du crâne, pour sortir au niveau de sa ligne médiane, tout près du front et de l'implantation des cheveux et atterrir vingt mètres plus loin.

La violence du choc bascule Gage en arrière, qui tombe brutalement sur le sol. Le plus étonnant, c'est qu'il affirme ne jamais avoir perdu connaissance.
Il est simplement pris de légères convulsions, mais se

remet à marcher et à parler en quelques minutes. Il se sent même suffisamment d'aplomb pour grimper dans une charrette à bœuf et, si ce n'est pas lui qui la conduit, rester debout pendant tout le trajet (un kilomètre et demi) qui le sépare de la ville la plus proche.

Arrivé à son hôtel, il s'assoit sur une chaise, sous le porche de l'établissement, et discute avec les passants. Le premier médecin qui arrive pour l'examiner peut voir, de la rue, le crâne de Gage ouvert et le volcan d'os éclaté qui jaillit de son cuir chevelu. Gage le salue en inclinant la tête et lui lance un sarcastique :

« Je crois que vous allez avoir du boulot. »

Depuis, Cage est devenu un cas d'école permettant d'expliquer le fonctionnement du cerveau aux étudiants ou auprès du grand public.

Le lobe frontal est le siège de nos facultés mentales les plus élevées; elles sont l'essence de notre humanité, l'incarnation physique de nos capacités cognitives les plus complexes.

Ce qui fait qu'au moment où le lobe frontal de Gage est réduit en miettes, le contremaître sérieux et bien sous tous rapports qu'il était devient un vagabond crasseux, effrayant et sociopathe. C'est aussi simple que cela.

Cependant, nous ne disposons que de très peu de données véritables sur sa vie et son comportement post-accident.

 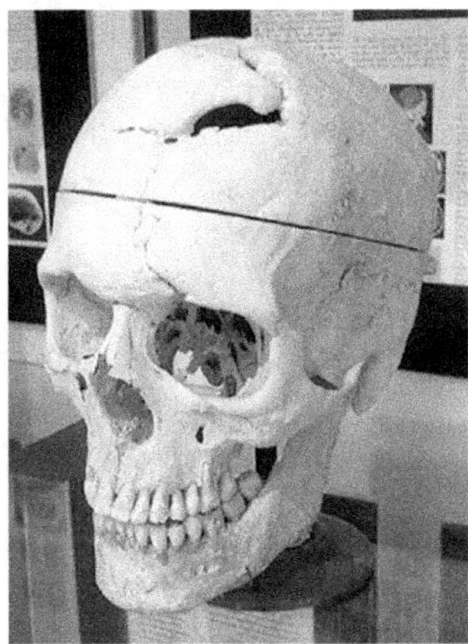

La plupart des spécialistes s'accordent à dire que l'accident aurait changé la personnalité de Cage. Décrit comme un individu déterminé avant l'accident, Gage fut décrit après l'accident comme capricieux et versatile, incapable de suivre une idée ou un projet et n'ayant que ses propres désirs en tête, et sans le moindre scrupule. Ses médecins le décrivent comme *« vulgaire [et] malpoli, et se laisse même de temps en temps aller à la pire des insanités ».*

Après sa convalescence, Cage a erré en Nouvelle Angleterre et se présentait de lui-même comme bête de foire en compagnie de sa barre à mine, histoire de se faire un peu d'argent. Mais quelques temps plus tard, Gage a trouvé un nouvel emploi stable: conducteur de diligence dans le New Hampshire.

Avec le développement de nouvelles technologies informatiques et d'imagerie médicale, un nouveau chapitre de l'histoire de Gage s'est ouvert depuis un quart de siècle. Malheureusement, personne n'a conservé le cerveau de Gage après sa mort et les scientifiques n'ont à leur disposition que les quelques reliques qui nous restent de sa vie, notamment son crâne et la fameuse barre à mine.

Sur le crâne, les traces manifestes des plaies d'entrée et de sortie ont incité plusieurs scientifiques à recréer numériquement le trajet de la barre à mine. Leur espoir, c'est de déterminer les zones du cerveau qui ont été détruites, pour que les déficiences de Gage gagnent en clarté. Ce genre de modélisation sophistiquée du cerveau aide aussi les scientifiques à comprendre ses fonctions normales.

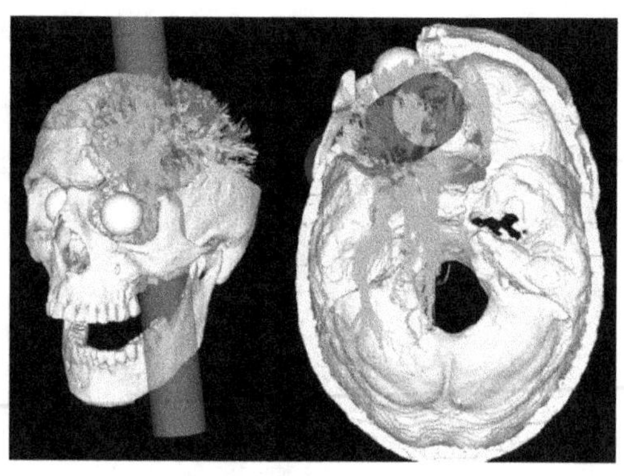

Les modélisations montrent que la barre n'a pas pu traverser la ligne médiane du crâne et n'aurait endommagé que l'hémisphère gauche. Par ailleurs, compte-tenu de l'angle de la plaie d'entrée et des lésions minimes de la mâchoire, Gage devait ouvrir la bouche et parler au moment de l'impact.

A l'évidence, la barre à mine a détruit du tissu

cérébral. Mais les éclats d'os et l'infection fongique, qui a suivi l'accident, ont pu en détruire encore davantage – et cette destruction est impossible à quantifier. Par ailleurs, et c'est sans doute encore plus important, la position du cerveau dans la boîte crânienne et la localisation précise de diverses structures cérébrales peuvent varier énormément d'une personne à l'autre – les cerveaux sont aussi différents entre eux que le sont les visages. L'inventaire des lésions cérébrales se joue en millimètres. Et personne ne sait combien de millimètres de tissu cérébral ont effectivement été détruits dans le cas de Gage.

Pour continuer dans l'incroyable, en 1852 et après avoir travaillé pendant dix-huit mois dans une étable du New Hampshire, Gage embarque sur un bateau pour le Chili où il reprend pendant sept ans son boulot de conducteur de diligence, sur les pistes escarpées et caillouteuses.

Pourtant, conduire une calèche est un travail complexe. Un conducteur de calèche doit contrôler les rênes de chacun de ses chevaux avec un doigt différent, les manœuvres requièrent une incroyable dextérité. Cet exercice prouve que Cage gardait tout de même de bonnes capacités après son accident. Ce qui est assez contradictoire avec les légendes à son sujet.

Du fait de sa santé précaire, Gage est obligé de quitter le Chili en 1859 à bord d'un bateau à vapeur qui le mène à San Francisco. Sa famille vient d'emménager dans la région. Après quelques mois de repos, il trouve un poste d'ouvrier agricole et semble reprendre des forces.

Mais en 1860, une dure journée de labour finit par avoir raison de lui. Le lendemain, il fait une crise d'épilepsie pendant le dîner. D'autres suivent, et après un ultime épisode particulièrement violent, il meurt le 21 mai, à 36 ans, près de douze ans après son accident. Sa famille l'enterre deux jours plus tard.

L'expérience des rats plongeurs ou l'influence des situations sur la personnalité

« Les rats plongeurs – expériences de différenciation sociale chez les rats » est une expérience mise en œuvre en 1994 par Didier Desor de l'université de Nancy.

Cette étude consistait à placer six rats dans une cage ① avec une ouverture vers un tunnel rempli d'eau ② débouchant sur un distributeur de nourriture ③. Les rats devaient nager en apnée pour franchir le tunnel, prendre les croquettes, et revenir les déguster dans la cage.

On a rapidement constaté que les six rats n'allaient pas chercher leur nourriture en nageant de concert.

Seulement trois rats sur les six allaient chercher la nourriture en nageant sous l'eau. Lorsqu'ils revenaient à la cage pour manger, les autres rats essayaient de leur voler leur nourriture.

L'expérience a été recommencée des centaines de fois et quasi systématiquement ont arrivait au même schéma :

- **Trois rats exploiteurs** ne plongeaient jamais, ils se contentaient de voler la nourriture ramené par les autres rats.
- **Deux rats transporteurs** allaient chercher la nourriture et se la faisaient toujours voler. Ce n'est qu'après avoir nourri les exploiteurs que ces deux exploités soumis pouvaient se permettre de consommer leur propre croquette.
- **Un rat autonome** était un assez robuste pour ramener sa nourriture et se défendre des exploiteurs pour se nourrir de son propre labeur.

La structure sociale ainsi mise en place est définitive dans le groupe.

Pour mieux comprendre ce mécanisme de hiérarchie, Didier Desor plaça six exploiteurs ensemble. Ils se battirent toute la nuit. Au matin, ils avaient recréée les mêmes rôles. Trois exploiteurs, deux exploités (transporteurs), un autonome.

Et on a obtenu encore le même résultat en réunissant six exploités dans une même cage ou six autonomes.

C'est une organisation sociale très stable.

Le rôle que prennent les rats dépendent des individus qui l'entoure (déterminisme social) mais aussi du contexte dans lequel le groupe va être posé.

Les futurs rôles des rats sont prédictibles à partir de leur développement physique, ou de leur comportement dans diverses situations vécues individuellement ou socialement (test de personnalité).

Les anxiolytiques (substances destinées à combattre l'anxiété et le stress) ne modifient pas cette organisation lorsqu'elle est établie, mais induisent l'adoption du profil Transporteur s'ils sont administrés pendant la période d'établissement de la contrainte. Si l'on injectait des anxiolytiques à tous les rats pendant la période d'adaptation à l'eau, tous se mettaient à plonger et aucune structure sociale ne se mettait en place.

Ce serait donc le stress qui serait le facteur de différenciation sociale, c'est-à-dire la peur.

Les rats qui craignent le plus de plonger deviennent les exploiteurs !

Après une expérience de rats plongeurs, les savants de Nancy ont ouvert les crânes et analysés les cerveaux : Les plus stressés n'étaient pas les exploités, mais les exploiteurs. Ils devaient affreusement craindre de perdre leur statut privilégié et d'être obligés d'aller un jour sous l'eau.

Ce que l'on croit « inné » ou « faisant partie de nous » est en fait souvent le résultat d'influences sociales…

Notre personnalité dépend de notre environnement social.

Jean-Pierre & Mikhaël Vandeuren

ଐ 266 ଓ

Des mêmes auteurs :

Théorie générale sur le rire et l'humour

Qu'est-ce que le rire ? Et qu'est-ce que l'humour ? Cet essai philosophique n'a pas la prétention de faire rire (bien que nous ayons tenté notre chance) mais analyse l'humour en lui-même. Pour cela, nous avons examiné les diverses théories existantes sur le rire et l'humour afin d'en déceler leurs pertinences et leurs défaillances. Nous avons trouvé leur tronc commun et, en nous aidant des travaux du philosophe Spinoza, nous avons développé une théorie générale sur le rire et l'humour qui permet d'unifier ces théories tout en dépassant leurs limites. Pour compléter cette étude, nous avons ensuite présenté les différentes formes d'humour selon leur genèse et, sur base de notre théorie générale, nous avons décortiqué toutes les interprétations et conséquences du phénomène du rire et de l'humour. Enfin, nous avons prouvé qu'il est légitime de « rire de tout » et que, en évitant certaines formes d'humour, il est même possible d'en rire avec n'importe qui…

Jean-Pierre & Mikhaël Vandeuren

Des mêmes auteurs :

Mythes, Contes et Religions

Depuis la nuit des temps, les hommes se posent des questions sur la vie, la mort et sur les multiples phénomènes naturels qu'ils perçoivent. Pour tenter de répondre à ces interrogations, certains ont imaginé des mythes ou des contes. Mais qu'est-ce qu'un mythe ou un conte ? Qu'est-ce qui les distingue ? Dans cet essai philosophique d'inspiration spinoziste, nous vous proposons dans nos deux premiers chapitres de définir les concepts de mythe et conte dans le but de comprendre leurs significations et leurs intentions. Une fois éclairé sur ces phénomènes, nous vous proposons, dans le dernier chapitre, d'étendre cette étude aux religions et de comprendre pourquoi l'homme éprouve le besoin d'adhérer à celles-ci.